Christoph W. Rosenthal
Die Mesolithische Revolution

Zum Autor s. seine Homepage (ab Februar oder März 2021) im Internet

Christoph W. Rosenthal

Die Mesolithische Revolution

als die Begründung der historischen Entwicklung am Ende der Eiszeit

Bibliografische Information der Deutschen Nationalbibliothek:

Die Deutsche Nationalbibliothek verzeichnet diese Publikation in der Deutschen Nationalbibliografie; detaillierte bibliografische Daten sind im Internet über http://dnb.ddb.de abrufbar.

ISBN 978-3-96103-997-5

Alle Zeichnungen sind vom Autor erstellt

www.rediroma-verlag.de
9,95 Euro (D)

Aufriss

Die Mesolithische Revolution – und nicht erst die spätere Neolithische Revolution - ist die Begründung der historischen Entwicklung vor ca. 13.000 Jahren am Ende der Eiszeit im Abgang von der humanevolutionär entwickelten Kultur.

Diese Mesolithische Revolution stellt noch immer die tragende Grundlage unserer gesellschaftlichen Anlage wie auch die treibende Dynamik der historischen Prozesse – worin auch einige Ursachen der heutigen Probleme liegen. Insofern ist es von entscheidender Bedeutung, diese Hintergründe endlich in den Blick zu bekommen.

Das Aufkommen dieser historischen Entwicklung erklärt sich nicht aus dem Schritt zur Nahrungsproduktion. Dies war auf die Dauer nur eine Folge der in der Mesolithischen Revolution begründeten Kulturauffassung und Sozialorganisation, die zu einem starken Anwachsen der Bevölkerung führte.

Die Mesolithische Revolution stand nicht mit der Nahrungsproduktion in Verbindung. Sie hat völlig andere Ursachen, Hintergründe und Gegebenheiten, als es das auf der Konzeption der Neolithischen Revolution begründete Weltgeschichts-Bild sieht: nämlich als Folge wie als Lösung der durch die ungeheueren Naturkatastrophen am Ende der Eiszeit insbesondere im Nahen Osten entstandenen Probleme.

Die Konzeption der >Mesolithischen Revolution< nimmt die neueren humanevolutionären und die neueren archäologischen Einsichten in die nahöstlichen Prozesse am Ende der Eiszeit auf (u.a. die Entdeckung der mächtigen Megalith-Anlage von Göbekli Tepe). Dies hat eine grundlegende Korrektur des bisherigen Geschichts-Bildes zur Folge.

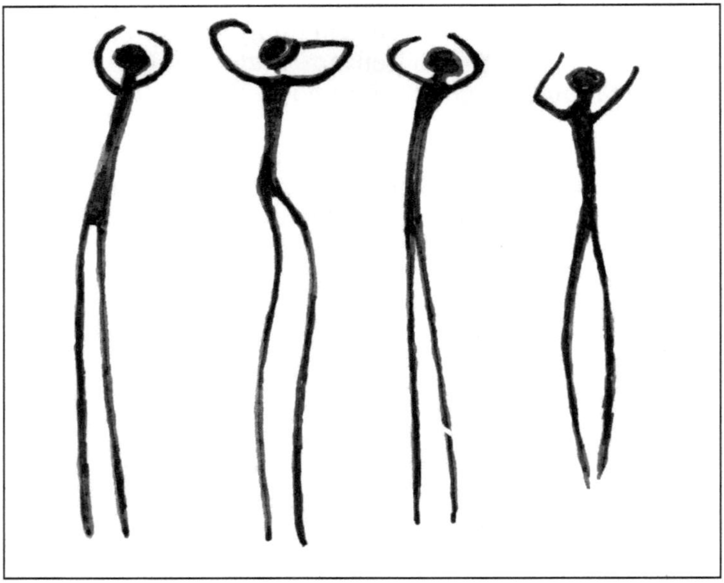

Nachzeichnung nach Emmanuel Anati, Höhlenmalerei, S. 182
Sahara, etwa am >Ende der Eiszeit<: vermutlich Tanzszene, Ausschnitt (von mehr Figuren, die aber nur fragmentarisch erhalten sind)

Inhaltsverzeichnis

Vorwort

> „Lange wollte uns die Wissenschaft den Übergang zur Landwirtschaft als großen Sprung für die Menschheit verkaufen und erzählte uns eine Geschichte von Fortschritt und Intelligenz. Im Laufe der Evolution seien die Menschen immer intelligenter geworden. Irgendwann seien sie dann so intelligent gewesen, dass sie die Geheimnisse der Natur entschlüsseln konnten und lernten, Schafe zu halten und Weizen anzubauen. Danach gaben sie begeistert das entbehrungsreiche und gefährliche Leben der Jäger und Sammler auf und ließen sich nieder, um als Bauern ein angenehmes Dasein im Wohlstand zu genießen. Das ist jedoch ein Ammenmärchen."
>
> So der israelische Geschichtsprofessor Yuval Harari in seinem internationalen Bestseller „Eine kurze Geschichte der Menschheit", S. 104.

Obwohl die Argumente des alten Geschichts-Bildes, die historische Entwicklung begründe sich mit der „Neolithischen Revolution" in Ackerbau und Viehzucht, schon lange widerlegt sind und inzwischen bereits als >Ammenmärchen< (s.o.) charakterisiert werden, hat sich das darin begründete Geschichts-Bild immer noch, selbst bis in die Wissenschaft hinein, gehalten.

Der wichtigste Grund dafür, dass sich dieses alte Geschichts-Bild trotz aller Kritik immer noch halten konnte, dürfte darin liegen, dass bislang kein Entwurf bekannt wurde, der überzeugend an die Stelle des alten Modells bzgl. der historischen Entwicklung insgesamt treten konnte. Denn das alte Modell mit seiner Fortschritts-Konzeption basiert ja nicht eigentlich auf der Theorie der >Neolithischen Revolution<. Diese erschien nur (als Parallele zur >Industriellen Revolution<) als die beste Erklärung der historischen Entwicklung.

Hier soll es nun mit der Konzeption der >Mesolithischen Revolution< nicht bloß bei der Kritik an dem alten Modell bleiben, sondern mit ihm auf der Basis neuerer Erkenntnisse ein **neues Geschichts-Bild vorgestellt** werden. Es geht in ihm nicht bloß um die ganz anderen Ursachen bzgl. der Entstehung der historischen Entwicklung, sondern auch um Einsichten in den ganz anderen gesamtgeschichtlichen Prozess bis heute samt ihren Konsequenzen für das Verständnis unserer heutigen Lage.

Wohl habe ich dieses neue Geschichts-Bild bereits 2018 in meinem Buch zur Geschichte vorgestellt. Dieses Buch hat sogar den Vorteil, weit umfassendere Zusammenhänge, sogar auf der Basis neuerer Einsichten bzgl. der Humanevolution, darzustellen. In ihm ist bereits auch die Konzeption der >Mesolithischen Revolution< vorgestellt. Doch der Nachteil dieses Werkes von 2018 (Version 1.1 von Januar 2021) ist, dass dort der Komplex der >Mesolithischen Revolution< nur ein Thema unter anderen ist.

Insofern wollte ich das für das neue Geschichts-Bild so wichtige Stichwort der >Mesolithischen Revolution< als der **tatsächlichen Ursache** der historischen Entwicklung in seinen verschiedenen Aspekten in einem eigenen Werk behandeln. Diese Abfassung eröffnet mit ihrer thematischen Eingrenzung einen neuen Blickwinkel, und das Stichwort >Mesolithische Revolution< hebt sich so schon durch den Titel heraus.

Dies soll auch die Kontroverse mit der inzwischen entstandenen Auffassung von der >Neolithischen Revolution< aufnehmen, gerade weil ich der Meinung bin, dass die ursprüngliche Konzeption von Gordon Childe *in Teilen* immer noch richtig und wichtig ist. Nur ergibt sich, dass die sich als notwendig erwiesenen Korrekturen auf etwas noch entscheidend Anderes hinauslaufen als auf eine etwas höhere Datierung der Anfänge mit einem insgesamt längeren Entwicklungsprozess. Die Ursachen und auch der ganze Charakter dieses Prozesses liegen entscheidend anders.

Eine Schwierigkeit bei dem hier vorliegenden Stoff ist jedoch die große Kluft zwischen einer neuen >Weltkarte< und den fachwissenschaftlichen >Katasterkarten<, die sich mitunter kaum in ein klares Verhältnis setzen lassen. Darin liegt die Ursache, dass sich zumindest auf einer allgemeinen Ebene überholte Vorstellungen halten, selbst in der Wissenschaft, aber mehr noch in dem gesellschaftlichen Diskurs. Obwohl etwa der Befund der gewaltigen Megalith-Anlage von Göbekli Tepe auf gänzlich andere historische Hintergründe als bislang vorgestellt deutet, wird er bislang doch eher als Bestätigung der alten Vorstellungen herangezogen.

So kann ich mich hier wohl auf einige Kritik an dem bekannten Geschichts-Modell stützen (bis hin zu >Ammenmärchen<), aber positiv nicht zu sehr auf eine schon allgemeinere archäologische und historiologische Basis. Doch ist gerade bzgl. dieser Thematik die Archäologie nicht das Einzige und vielleicht nicht einmal die wichtigste Bezugsebene in Bezug auf Erkenntnisse bzgl. der kulturellen Prozesse am Ende der Eiszeit.

Dies beginnt schon mit der Einschätzung der vorausgehenden Kultur. Die gängigen Vorstellungen einer Fortschritts-Entwicklung ab dem Ende der Eiszeit stehen mit der Annahme einer vorausgehenden Primitivität in Verbindung, die sich aber in dieser Form auch schon lange nicht mehr halten lässt. Doch ist mir bislang kein Buch bekannt, in dem die Einsichten der Psychologie und Neurologie in Bezug auf unsere Anlage als Homo sapiens in befriedigender Konsequenz auf das Verständnis der humanevolutionären Entwicklung und die eiszeitliche Kultur des Homo sapiens angewandt sind, obwohl sich dafür etliche Hinweise böten (s. dazu näher meine Bücher zur Humanevolution).

Weitere Grundlagen bestehen in der Ethnologie sowie in der Sprach- und der Religionsgeschichte samt ihren Hinweisen in Bezug auf die Hintergründe der schon eiszeitlich ersichtlichen Symbolkomplexe, auf die Mythologien und im sprachlichen Material von den grundlegenden Konzeptionen bis hin zu etlichen Wortbildungen.

Gerade dieses Gebiet, insbesondere die STier/Kuh-, Hörner- und Drachen-Symbolik, erwies sich als ein besonderer Schlüssel. Denn diese tritt bereits vor über 32.000 Jahren (Stiermensch-Malerei in der Höhle von Fumane, Italien) in Erscheinung und findet sich tendenziell weltweit und auch in zentraler Position verbreitet, etwa in der Höhle von Lascaux und als Götter-Symbolik im Alten Orient. Aufgrund der vielfältigen damit verbundenen Anhalte an Motiven und Wörtern wurde dieser Komplex zu einem besonderen Forschungsfeld von mir. Einen Niederschlag findet dies in meinen Arbeiten und Büchern zu Sprache (→ S. 195). Im Rahmen des hier vorliegenden Buchs sollen bzw. können nur ein paar wenige Anhalte davon geboten werden.

Wichtig war mir hier vor allem, eine einigermaßen leicht lesbare Überblicks-Fassung zu schaffen, damit die zentralen neu ins Licht tretenden Linien und Themen über die bisherige Wahrnehmung hinauskommen. Weiteres und Näheres wird in meiner weiteren Literatur dargestellt, die noch in Etlichem erweitert und immer wieder mit der Forschung neu aktualisiert werden soll.

Wenn insofern dieses kleine Buch nur gewisse Einblicke in das sich inzwischen abzeichnende neue Weltgeschichts-Bild bieten kann, so denke ich doch, dass sich die Auseinandersetzung mit dem hier Vorgetragenen lohnt. Denn das alte, letztlich aus der Mythologie stammende Geschichts-Bild hat einige fatale Konsequenzen, die ein zentraler Grund für die derzeitige kulturgeschichtliche Krise sind. Hier zu einem Verstehen der tatsächlichen historischen Hintergründe zu kommen, ist die Grundlage, aus Fehlentwicklungen der Vergangenheit herauszufinden und neue vorwärts führende Wege zu erschließen.

Christoph W. Rosenthal
Wuppertal, im Januar 2021

Einer der auf insgesamt über 200 geschätzten Stein-Pfeiler von einer von „wenigstens 20 Anlagen“ [1] („Tempel“) auf dem Göbekli Tepe (→ 5.3), Höhe ca. 3,60 m. S. eine solche Anlage nächste Seite.

[1] Klaus Schmidt, in: Badisches Landesmuseum Karlsruhe: Vor 12.000 Jahren in Anatolien: Die ältesten Monumente der Menschheit, S. 84

Hinweis

Im Unterschied zu den **runden Klammerzeichen** (.) sind die **eckigen** Klammerzeichen [...] *in Zitaten* Ausdruck meiner Bearbeitung [= CR]. Dies schließt auch mitunter eine Bemerkung [*kursiv abgesetzt*] ein. Dies wird an den Stellen nicht jeweils vermerkt.

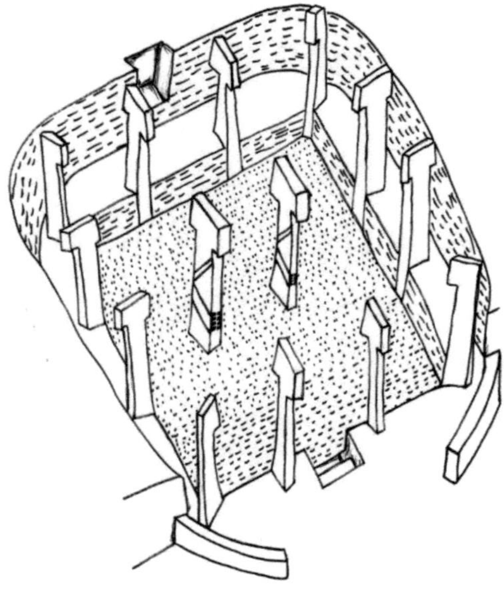

Dieses Gebäude von *Nevalı Çori* aus der Zeit und Gegend von Göbekli Tepe bietet eine Idee in Bezug auf die ähnlichen Kult-Bauten auf dem Göbekli Tepe. Der Pfeiler auf der Seite zuvor gehört zu einem solchen zentralen Pfeiler-Paar (s. S. 145).
Nachzeichnung nach: Klaus Schmidt: Sie bauten die ersten Tempel, S. 75

1 Die Mesolithische Revolution
– Ein einführender Überblick

Die Mesolithische Revolution ist das bedeutendste Ereignis der der menschlichen Geschichte. Denn es war die Mesolithische Revolution, die am Ende der Eiszeit im Nahen Osten den grundlegenden Umschlag von der humanevolutionär entwickelten Kultur des Homo sapiens in den Prozess der historischen Entwicklung begründete. Wenn je in der Geschichte der Menschheit etwas (im Sinne von >Industrielle Revolution<) als >Revolution< bezeichnet werden kann oder muss, dann ist es diese Mesolithische Revolution. Sie bedeutete eine so fundamentale Umwälzung der menschlichen Gegebenheiten, dass wir in unserer gesamten Grundlage – in Bewusstsein, Sprache und in unserer sozialen Organisations-Anlage – immer noch davon bestimmt sind, gerade auch wenn wir dies für >Natur<, >Realität< oder auch für die beste Form von Kultur halten.

Diese Entstehung des historischen Prozesses erklärt sich mitnichten, wie noch gezeigt wird, als eine organische Entwicklung aufgrund neuer Erfindungen, und schon gar nicht, wie man früher meinte, aufgrund besonders günstiger Verhältnisse im Nahen Osten, die so wie früher vorgestellt dort gar nicht bestanden. In Wirklichkeit belegen sich vor allem die dortigen Verhältnisse als eine grundlegende Krisen-Situation, die in den damaligen gigantischen Naturumbrüchen am Ende der Eiszeit ihre Ursache hat.

Es war diese dramatisch werdende Zuspitzung der nahöstlichen Krisen-Lage, aus der heraus es zur Mesolithischen Revolution kam. Kurz bevor es dort ansonsten zum Kollaps gekommen wäre, gelang es ihr in der Begründung >revolutionär< neuartiger Sozialtechniken, die kollabierende Dynamik in die historische Entwicklung zu wenden.

In diesem Kontext schuf die Mesolithische Revolution in **3 entscheidenden Punkten** die Grundlagen der historischen Entwicklung, die bis heute immer noch gültig und wirksam sind:

1.) eine neuartige Kultur- und Realitätsauffassung mit einer deutlich erhöhten Aktivität und der Ausrichtung auf das Technisch-Funktionelle;

2.) eine neuartige Sozial-Organisation mit völlig neuen sozialen Größenordnungen, die auch der eigentliche Grund für die historische Entwicklung waren. Für solch eine übergreifende historische Wirkung erreichten weder die eiszeitlichen Verbände noch danach die kleinen Dörfer und Stämme auch mit einer Nahrungsproduktion nicht das notwendige Potential. Ohne eine übergeordnete Organisation gerieten die Dörfer und Kleinverbände gerade mit einer Nahrungsproduktion in günstigeren Lebensräumen in solch disfliktive Verhältnisse wie in Papua-Neuguinea;

3.) eine völlig neuartige Sprach-Anlage auf der Basis von Vokabular und Grammatik, wie dies uns bekannt ist. Erst auf dieser neuartigen Basis wurden überhaupt die neue Kultur-Konzeption und die neue Sozialorganisation möglich. Die humanevolutionär entwickelte Sprachform, die bis zum Ende der Eiszeit wohl insgesamt allgemein im Gebrauch war, arbeitete vielmehr mit Bildern und Geschichten auf der Basis einer Mythologie, die auf die humanevolutionär entwickelte Kultur zugeschnitten war.

Für die historisch neuen Entwicklungen bot diese ursprüngliche Sprachform des Homo sapiens weder eine Anschauung noch Vokabular noch die dazu nötige Sprach-Technik. Die neuen historischen Entwicklungen, wie zuerst die neue Sozial-Organisation, die Sesshaftwerdung mit den Dörfern und dann auch die Nahrungsproduktion usw., wurden erst mit der neuen Sprach-Anlage auf der reinen Basis von Vokabular und Grammatik möglich. Diese neue Art von Sprache war geradezu (modern gesprochen) auf Dienstleistung und Produktion ausgelegt und ermöglichte diese im Prinzip sprachlich-kognitiv auch beliebig. Es ergab sich in meiner diesbezüglichen Forschung, dass die Sprach-Anlage nicht schon immer diese Form hatte, sondern offenbar ganz konkret auf die Mesolithische Revolution zurückgeht. Dies belegte sich an der ursprünglichen Sprache des Homo sapiens (bis zum Ende der Eiszeit) selbst wie auch durch die verschiedenen Verbindungen zwischen den Sprachfamilien (s. mehr unter → 3.3).

Auf dieser Grundlage entstand bereits im Mesolithikum organisatorisch eine enorme Entwicklung, wie dies vor allem mit der Anlage von Göbekli Tepe (→ 5.3) und der historisch weltweit vorkommenden Megalith-Kultur ersichtlich wird.

Schon vor dem Bau imposanter Kult-Anlagen und längst vor der Nahrungsproduktion verbreitete sich der neue Kultur- und Sprachansatz der Mesolithischen Revolution über ein weites Netzwerk. Dies belegt sich u.a. in ihrer Stämme-Konzeption, in der Megalith-Symbolik wie vor allem auch sprachlich als Hintergrund der Sprachfamilien.

Was sich Gordon Childe 1936 mit seiner Konzeption von der Neolithischen Revolution bei dem damaligen Stand der Forschung als direkter Zusammenhang darstellte: nämlich (**1.**) der Umschlag von der humanevolutionär entwickelten Kultur in den Prozess der historischen Entwicklung und (**2.**) die Entwicklung der Nahrungsproduktion als (**3.**) Begründung der zivilisatorischen Kultur, hat sich längst als Verschiedenes erwiesen. Hier geht der in der gängigen Archäologie aufgestellte Begriff der >Neolithisierung< an den entscheidenden Punkten dieser Entwicklung vorbei.

Zunächst ist festzustellen, dass der Umschlag von der humanevolutionär entwickelten Kultur des Homo sapiens nicht auf die erst später sich langsam entwickelnde Nahrungsproduktion zurückgeht. Es ist schon länger gängige Einsicht, dass die Sesshaftwerdung der Nahrungsproduktion vorausging, doch erklärt sich dies genau nicht durch besonders günstige Ernährungsbedingungen (s.u.). Auch war bei dem älteren Stand der

Forschung die imposante Anlage von Göbekli Tepe (Türkei - Grenze Syrien) noch nicht bekannt. Anhand dieser Anlage wird ersichtlich, welch ein organisatorischer Komplex im Nahen Osten und tatsächlich auch weit darüber hinaus bereits im Mesolithikum aufgekommen war.

Sehr wohl war die Entwicklung der Nahrungsproduktion von grundlegender Bedeutung für die zivilisatorische Entwicklung, und sehr wohl kam es zu der Neolithischen Revolution, die für die zivilisatorische Entwicklung die entscheidende neue Grundlage stellte. Doch war die Neolithische Revolution nicht der Beginn der Entwicklung der Nahrungsproduktion, sondern deren politisch-kulturelle *Folge* (s. → 5.4).

So standen weder die Neolithische Revolution noch überhaupt die Entwicklung der Nahrungsproduktion am Anfang des neuartigen Prozesses der historischen Entwicklung.

Selbst die Anfänge der Nahrungsproduktion gehen auf die mesolithische Entwicklung zurück. Die schon mächtige Organisation von Göbekli Tepe dürfte in der Tat der entscheidende Hintergrund für den Schritt zur Züchtung des Getreides gewesen sein. Es bestanden hier schon weite Handelsbezüge und auch andersartige organisatorische Bezüge, die den Bau der Anlage von Göbekli Tepe ermöglichten.

> „[...] um Göbekli Tepe zu errichten, mussten Tausende Menschen unterschiedlicher Gruppen und Stämme über lange Zeiträume hinweg zusammenarbeiten." (Harari 118)

Dass in dem Großraum von Göbekli Tepe überhaupt mehr und mehr sowie zu immer größeren Ortschaften kommen konnte, hat in Wirklichkeit schon diese organisatorischen Bezüge zur Voraussetzung. Ohne diese Koordination wäre es zu Kämpfen um Ressourcen und Gebiete gekommen, und offenbar kam es auch wieder und wieder dazu. Die ausgeprägte Aggressions-Symbolik von Göbekli Tepe hat durchaus ihre Gründe. Doch wurden die Kämpfe durch die umfassende Organisation von

Göbekli Tepe für eine historisch entscheidende Entwicklungsphase in Grenzen gehalten (→ 5.3).

Es lag in dem Ansatz der Konzeption der Mesolithischen Revolution, eine neuartige Bevölkerungs-Größe wie auch –Dichte organisieren und ihr weiteres Wachstum ermöglichen zu können. Ab einem Punkt wurde hierbei die Entwicklung von Nahrungsproduktion als Ernährungsgrundlage unvermeidlich. Die Organisation von Göbekli Tepe spielte hierbei nicht bloß mit der Züchtung von Getreide eine Rolle, sondern weit grundlegender in der *Koordination* der Ortschaften und Ressourcen, wie es materiell etwa in dem Bau der riesigen Anlage oder auch an den Befunden spezieller Materialien wie Feuerstein usw. ersichtlich wird.

Doch war die mesolithische Kultur-Auffassung nicht auf die aufkommenden Entwicklungen eingestellt, die mit der Zeit mit dem weiteren Wachstum der Ortschaften und von Nahrungsproduktion entstanden. Die Organisation von Göbekli Tepe geriet ab 8.800 v. Chr. und recht grundlegend um 8.000 v. Chr. mit gravierenden Folgen für den Nahen Osten in die Krise und überregional in den Verfall. Aus dieser mit sozialem Elend und offenbar auch mit Kämpfen verbundenen Krise kam es im Nahen Osten zur Neolithischen Revolution, die mit einer wiederum neuen Weltanschauung und einer neuartigen organisatorischen Konzeption die Lösung dieser Krise erreichte und damit auch menschheitsgeschichtlich einen neuen Entwicklungs-Schub auslöste.

Insofern kann und *muss* hier gegenüber dem vorausgehenden Mesolithikum tatsächlich von einer Neolithischen Revolution gesprochen werden. Es war erst die Neolithische Revolution mit ihrer neuartigen Weltanschauung und Sozialorganisation, die die Anfänge der nahöstlichen Entwicklung auf den notwendig gewordenen neuen Stand brachte und die Nahrungsproduktion weit über den Nahen Osten hinaus verbreitete. Im Konkreten war es erst die Neolithische Revolution, die die weltanschauliche und organisatorische Form der zivilisatorischen Kultur schuf, die noch immer wirksam ist.

Dennoch bleibt umgekehrt zu sehen, dass die Neolithische Revolution auf den Entwicklungen der Mesolithischen Revolution aufbaut und diese, wenn auch in einer entscheidenden geistig-organisatorischen Modifikation, verlängerte. Die Neolithische Revolution steht hier längst nicht mehr der humanevolutionär entwickelten Kultur des Homo sapiens gegenüber, wie es sich 1936 Gordon Childe darstellte. Die Gegenüberstellung einer ursprünglichen Wildbeuter-Kultur und einer >neolithischen Nahrungsproduktion< ist eine insgesamt überholte Vorstellung, die entscheidende Dimensionen der historischen Entwicklung nicht in den Blick bekommt.

Nicht nur in Europa geht das Paläolithikum nicht direkt in das Neolithikum über. Schon 1874 wurde deshalb der Begriff Mesolithikum aufgestellt. Doch unter dem großen Eindruck des früheren Theorems der >Neolithischen Revolution< blieb das sich damals eher nur als Krise darstellende >Mesolithikum< in dem gängigen Geschichts-Bild auf Europa bezogen.

Doch ist diese damalige Geschichts-Konzeption auf der Basis der Neolithischen Revolution in dieser Form nicht mehr haltbar. Ohne Zweifel war die Nahrungsproduktion eine Voraussetzung für die altorientalischen >Hochkulturen<, aber keineswegs die einzige. Ohne die weiter bestehenden mesolithischen Traditionen, wie sie u.a. in der Megalith-Kultur mit Stonehenge und den Pyramiden zum Ausdruck kommen, wäre die altorientalische >Hochkultur< nicht entstanden. Die *rein* neolithischen Formen bedeuteten mitnichten per se eine Überlegenheit gegenüber der mesolithischen Kultur, wie es etwa in dem neolithischen Papua-Neuguinea am deutlichsten ist. Es ist nicht mehr haltbar, die Neolithisierung von vorne herein in das Licht der altorientalischen >Hochkulturen< zu stellen. Es ist inzwischen deutlich, dass eine solche Entwicklung überhaupt nicht in dem Horizont des Mesolithikums wie *erst recht nicht* in dem der Neolithischen Revolution lag. Von den sich tatsächlich darstellenden Hintergründen der Neolithischen Revolution wäre man über diese Ergebnisse vielmehr höchst entsetzt gewesen (→ 5.4.2).

Fürs Erste ist an dieser Stelle festzustellen, dass es die Mesolithische und nicht die Neolithische Revolution noch die Neolithisierung war, die den Prozess der historischen Entwicklung begründete und auch deren fundamentalste Grundlagen stellte. Die Neolithische Revolution erscheint hier nur als ein zweiter, wenn umgekehrt auch als höchst bedeutender weiterführender Schritt in diesem Prozess.

Das Mesolithikum ist in der historischen Entwicklung insgesamt alles andere als eine primitive Zwischenphase zwischen Paläolithikum und Neolithikum, die man in Bezug auf die menschheitsgeschichtliche Entwicklung vernachlässigen oder gar komplett übergehen könnte. Es hat vor allem gerade im Nahen Osten eine absolut entscheidende Rolle gespielt, aber nicht nur dort. Dass es damals tendenziell weltweit zu den Ansätzen der historischen Entwicklung kam, erklärt sich im Besonderen aus dem tendenziell weltweiten mittelmesolithischen Stämme- oder Völker-Rechts-Bund mit seinem Ausgangs-Zentrum Göbekli Tepe (→ 4.2.2).

Die Anlage von Göbekli Tepe und ihr ursprünglicher Hintergrund: nämlich der tendenziell weltweite mittelmesolithische Völker-Rechts-Bund mit seiner Megalith-Kultur zeigen effektive Höhepunkte in der menschheitsgeschichtlichen Entwicklung. Hier treten in der Forschung neue Fakten und ein neues Panorama heraus.

Bevor nun näher auf die Mesolithische Revolution und die von ihr begründete Kulturentwicklung eingegangen werden soll, soll zuerst die Unhaltbarkeit des alten Geschichtsbildes auf der Basis des Theorems der Neolithischen Revolution genauer gezeigt werden. Denn trotz der inzwischen schon so langen Kritik an diesem Modell, die bereits in den 1970er Jahren einsetzt, werden die alten *Vorstellungen* immer noch als Tatsachen und bis in die Begrifflichkeiten hinein („PPN A“ = engl. für Prä-Keramisches *Neolithikum* A usw.) archäologisch als Konzeption verwendet, was ständig zu falschen Schlussfolgerungen Anlass gibt.

Denn vieles, was in der früheren Sicht der Neolithischen Revolution zugerechnet wurde, ist vielmehr als Bestandteil der Mesolithischen Revolution zu sehen. Und vieles, was früher mit der Neolithischen Revolution verbunden wurde, hat sich längst als vor- und unwissenschaftliche Mythologie erwiesen, wie umgekehrt das tatsächlich historisch Bedeutsame der Neolithischen Revolution in seiner Begründung der bisherigen zivilisatorischen Entwicklung trotz aller Deutlichkeit übergangen wird (→ 5.4.2).

Insgesamt stellt sich die Humanevolution und die historische Entwicklung nicht mehr in dem Charakter dar, wie man dies im 19. Jahrhundert dachte.

„Bereits seit dem PPNA [= *ab 9.500 v. Chr.*] trifft man auf strukturierte Gemeinschaften von [*tatsächlich mesolithischen*] Jägern und Sammlern, die in der Lage sind, zweigeschossige Bauten nach einem vorgegebenen Plan zu errichten, und bemüht sind, ihre symbolischen Vorstellungen und ihre Visionen der Welt in erstklassigen Kunstwerken auszudrücken. Dies setzt eine **komplexe soziale Organisation** voraus, deren Einzelheiten wir nicht kennen, über die aber die vorangehenden epipaläolithischen Gruppen offenbar nicht verfügten.“ [2]

(Hervorhebung CR)

[2] Olivier Aurenche, in: Badisches Landesmuseum Karlsruhe: Vor 12.000 Jahren in Anatolien: Die ältesten Monumente der Menschheit, S. 64

1.1 Zu dem Begriff >Mesolithikum<

Der Begriff **Mesolithikum** (*Mittelsteinzeit*) wurde bereits 1874 als weitere notwendig erscheinende Differenzierung zu der schon 1865 vorgenommenen Untergliederung der >Steinzeit< in **Altsteinzeit = Paläolithikum** und **Neusteinzeit = Neolithikum** eingeführt.

Nun ist dieses 1836 aufgestellte Geschichts- und Begriffs-Modell mit der „Steinzeit“ so aktuell wie die damalige erste deutsche Dampflok in Bezug auf unser Verkehrswesen und auch überaus problematisch. Dieses Begriffs-Modell entspricht nicht mehr den Gliederungen der humanevolutionären und der historischen Entwicklungen. Doch solange es noch in Gebrauch ist, ist der nicht ohne Grund eingeführte Begriff *Mesolithikum* als der Phase zwischen Paläolithikum und Neolithikum auch in das **menschheitsgeschichtliche Modell** aufzunehmen.

Freilich kann dabei - genau wie bei >Neolithikum< - nicht mehr das ursprüngliche Definitionsmerkmal aus dem 19. Jh. herangezogen werden. In dem hier vorgestellten Begriffs-Modell ist >Mesolithikum< nicht über einen Bestand von Mikrolithen bzw. von Pfeil und Bogen definiert, was nach heutigen Einsichten ohnehin eine ältere Erfindung des Paläolithikums darstellt (hier deswegen heute noch den Begriff *Mesolithikum* in *paläolithische* Kontexte zu stellen, schafft nur Konfusion).

Der Begriff >Mesolithikum< beschreibt hier vielmehr, wie das Wort besagt, die Zwischen- und Übergangsstufe zwischen dem Paläolithikum *des Homo sapiens* mit der humanevolutionär entwickelten Kultur und dem Neolithikum. Das vorliegende Werk soll zeigen, dass das Mesolithikum hierbei eine menschheitsgeschichtlich höchst bedeutsame Phase stellt.

Wie ich inzwischen gesehen habe, gab es schon mal den Begriffs-Gebrauch >**mesolithische Revolution**< (s. Internet), doch offenbar in einem deutlich anderen Kontext und in einem anderen Sinn.

Die hier vorliegende Konzeption von der Mesolithischen Revolution ist davon nicht inspiriert und meint sachlich etwas entscheidend anderes. Es geht hier um einen Gegenentwurf gegenüber der alten Konzeption von der Neolithischen Revolution in dem Aspekt des menschheitsgeschichtlichen Umbruchs von der humanevolutionär entwickelten Kultur in den vor ca. 13.000 Jahren begründeten bisherigen historischen Prozess.

(vermutlich Heirats-*) Szene aus Bohuslän, Schweden.*
Nachzeichnung *aus: Emmanuel Anati: Höhlenmalerei, S. 276.*
S. dort insbesondere auch das Foto S. 284 oben sowie S. 289 unten.

2 Zu der Unhaltbarkeit des auf der Neolithischen Revolution aufgebauten Geschichts-Modells

> „Lange wollte uns die Wissenschaft den Übergang zur Landwirtschaft als großen Sprung für die Menschheit verkaufen und erzählte uns eine Geschichte von Fortschritt und Intelligenz. Im Laufe der Evolution seien die Menschen immer intelligenter geworden. Irgendwann seien sie dann so intelligent gewesen, dass sie die Geheimnisse der Natur entschlüsseln konnten und lernten, Schafe zu halten und Weizen anzubauen. Danach gaben sie begeistert das entbehrungsreiche und gefährliche Leben der Jäger und Sammler auf und ließen sich nieder, um als Bauern ein angenehmes Dasein im Wohlstand zu genießen. Das ist jedoch ein Ammenmärchen."

Diese höchst pointierte Charakterisierung des alten Geschichts-Bildes durch den israelischen Geschichtsprofessor Yuval Harari (S. 104) sei hier noch einmal wiederholt, um auf das Ausmaß des entstandenen Problems aufmerksam zu machen.

Dabei geht es m.E. gar nicht darum, den Sachverhalt der Neolithischen Revolution als solchen in Frage zu stellen. Ich halte das Konzept der Neolithischen Revolution immer noch für einen bedeutsamen Beitrag zur Geschichtswissenschaft wie auch die Neolithische Revolution für einen entscheidenden *Sprung* in der menschheitsgeschichtlichen Entwicklung.

Nur kann die Neolithische Revolution nach den längst entstandenen Einsichten nicht mehr an den Anfang der historischen Entwicklung gestellt werden. Diese über 80 Jahre alte Vorstellung hatte einen völlig anderen Forschungsstand zur Voraussetzung. Diese lässt sich inzwischen auf sämtlichen Ebenen: von den Einsichten in die Humanevolution, in die eiszeitliche Kultur des Homo sapiens über Sprache bis hin zu den tatsächlichen frühgeschichtlichen Prozessen nicht mehr halten und ergibt schon längst völlig verzogene Deutungen und Zeichnungen der historischen Prozesse, die der israelische Geschichtsprofessor Yuval Harari nicht ohne Grund gar als >Ammenmärchen< charakterisiert.

Es geht hierbei nicht um Nebensächlichkeiten. In Wirklichkeit sind hier vielfältige Grundlagen in dem Menschen- und Geschichtsbild wie an Wissenschaft berührt. Wenn hier Vorstellungen und Darstellungen von Geschichte in die Nähe von >Ammenmärchen< rücken, sollte dies ernstlich zu denken geben. Auch stehen *etliche* ***heutige*** *gesellschaftliche* **Fehleinschätzungen** mit diesem völlig überholten und letztlich der *Mythologie* entstammenden Geschichtsbild in Verbindung, das ganz entscheidende Fakten übergeht bzw. einfach nicht wirklich in den Blick bekommt.

Das betrifft auch die so bedeutsame Phase des Mesolithikums, in dem die bis heute wirksamen Grundlagen unserer gesellschaftlichen Anlage begründet wurden. Göbekli Tepe ist hierfür ein wichtiges Beispiel. Mit Nahrungsproduktion hat diese Entwicklung zuerst noch gar nichts zu tun. Diese wurde in dieser schon längst begründeten Entwicklung erst ab einer gewissen Bevölkerungs-Größe und –Dichte von Bedeutung, dann aber in der Tat so, dass die Neolithische Revolution einen neuen Sprung in der menschheitsgeschichtlichen Entwicklung stellte.

Doch geht es nicht, wie es in der jüngeren Vergangenheit betrieben wurde, um eine bloße Ergänzung von etlichen Fakten. Vielmehr verweisen sie auf insgesamt völlig andere Zusammenhänge und Gegebenheiten in dem historischen Prozess.

2.1 Zu dem Alter des Konzepts der Neolithischen Revolution

Die Problematik des Konzepts der Neolithischen Revolution begründet sich in dessen Alter: es wurde 1936 von dem Archäologen Gordon Childe in die Wissenschaft eingeführt. Er hatte den Begriff selbst wohl schon 1925 auf der Basis eines bereits 1885 entwickelten Grundkonzepts aufgestellt. [3]

Dieses Modell ergab zu seiner Zeit einen höchst bedeutsamen Fortschritt in dem Verständnis der menschlichen Geschichte. Von daher etablierte sich dieses Modell, sogar bis zu der heute immer noch gängigen archäologischen und historischen Auffassung, obwohl es schon in den 1940ern zu nicht unerheblichen Korrekturen aufgrund neuer Befunde, Ausgrabungen und Erkenntnisse kam, erst recht seit dem neuen archäologischen Schub seit Ende der 1950er.

Die Schwierigkeit bzgl. des damaligen Konzepts der Neolithischen Revolution besteht darin, dass es sich insgesamt aus sehr verschiedenen Sachverhalten zusammensetzt. In Teilen sind bestimmte Einsichten immer noch richtig und auch wichtig, in manchen Teilen jedoch nicht.

Angesichts der Bedeutung dieser Konzeption hat man bis in die heutige Zeit hinein versucht, an ihr insgesamt festzuhalten und es wieder und wieder an neue Erkenntnisse anzupassen. Von daher hat man den Ansatz der Neolithischen Revolution auf immer höhere Zeiten datiert, und angesichts der daraus entstanden Zeiträume sieht man die Neolithische Revolution gar nicht mehr als die plötzliche Revolution, als die sie sich ursprünglich darstellte, sondern als eine langsame natürlich-organische Entwicklung menschlicher Erfindungen. Das passte wieder bestens zu der alten Fortschritts-Mythologie des 19. Jahrhunderts, die tatsächlich in Mythologien ihren Ursprung

---

[3] Harald Hauptmann & Mehmet Özdoğan, in: Badisches Landesmuseum Karlsruhe, Vor 12.000 Jahren in Anatolien, S. 26

hat, und so wurde das alte vorwissenschaftliche Geschichtsbild des 19. Jh.s unter dem Stichwort >Neolithische Revolution< mit neuen Zeitansätzen und Fakten wieder flott gemacht. Dies entsprach auch viel besser den z.B. gängigen narzisstischen *Bedürfnissen.*

Doch liegt die Lösung des Problems des damaligen Konzepts gerade nicht darin, ihre Anfänge früher anzusetzen, neu zu deuten und anzumerken, dass die Neolithische Revolution in Wirklichkeit gar keine Revolution gewesen sei. Es gilt vielmehr zu sehen, dass, wenn auch diese Konzeption immer noch Richtiges und Wichtiges enthält, sie in ihrer Beschreibung der historischen Entwicklung und in der Erklärung ihrer Ursachen nicht zu halten ist.

Wie gesagt: es lassen sich durchaus *Teile* der ursprünglichen Konzeption der Neolithischen Revolution halten. Mir stellt sich hier tatsächlich eine Art >Revolution< in der ursprünglich gemeinten Parallele zu der Industriellen Revolution dar, eine auch durchaus recht >plötzliche< Explosion eines historisch völligen neuartigen Kulturansatzes. Doch gibt es hier zwei verschiedene >Revolutionen<. Hierbei baut die Neolithische Revolution im Unterschied zu der mesolithischen Konzeption tatsächlich auf der Nahrungsproduktion auf – aber sie ist nicht ihr Ursprung, sondern deren entscheidende organisatorisch-kulturelle *Konsequenz*. Das vorausgehende Nebenbei an Nahrungsproduktion reichte angesichts der hierbei entstandenen Bevölkerungsexplosion nicht mehr hin. Es brauchte einer neuen Sozialorganisation und neuer Techniken etwa für ein wirkliches Nutzen von Getreideanbau usw.

Es trifft durchaus zu, dass die Nahrungsproduktion die Grundlage der zivilisatorischen Entwicklung ist. Doch gilt dies erst für eine bestimmte Größenordnung in Verbindung mit entsprechenden organisatorischen Formen – die jedoch historisch weder durch die Nahrungsproduktion schon an sich gegeben noch in ihrem Aufkommen so unproblematisch waren, dass dieser Aspekt bei einer wissenschaftlichen Geschichtsforschung außer Acht gelassen werden könnte. Das betrifft nicht nur die historischen *Folgen* in der späteren Zeit. Wenn sich die *unmittelbaren* Folgen der Nahrungsproduktion gar nicht als Vorteil belegen, dann berührt dies auch die Erklärungen und die Wahrnehmung dieser Entwicklung selbst.

Auch ist hier Nahrungsproduktion nicht gleich Nahrungsproduktion. Was hier für ein Spektrum an kulturellen Unterschieden in Verbindung mit den unterschiedlichen Formen an Nahrungsproduktion wie an Ausmaß von Nahrungsproduktion besteht, zeigen die Ethnologie und in systematischer Hinsicht die Kulturanthropologie.

Tatsächlich steht die Neolithische Revolution schon mit einer gewissen *Entwicklungsstufe* an Nahrungsproduktion in Verbindung, und an dieser Stelle vollzog sich mit der Neolithischen Revolution in der inzwischen aufgekommenen Bedeutung der Nahrungsproduktion ein effektiv >revolutionärer< Sprung. Soweit hat die von Gordon Childe eingebrachte Darstellung noch immer ihre Bedeutung und Richtigkeit.

Nur kann dies nicht mehr mit den Anfängen der historischen Entwicklung und nicht einmal mit den Anfängen der Nahrungsproduktion gleichgesetzt werden, wie sich das 1936 und noch darüber hinaus darstellte. Es liegen - je nachdem wie man manche Fakten bewertet – etwa dreieinhalb Jahrtausende zwischen der Mesolithischen und der Neolithischen Revolution. Die Ursachen der historischen Entwicklung haben nichts mit der Nahrungsproduktion zu tun (s.u.), und die historischen Entwicklungen des Mesolithikums verknüpfen sich in ihrem Eigentlichen mit ganz anderen Sachverhalten, wie z.B. einer neuen Sozialverfassung und einer neuen Sprachanlage, die diese neuen Entwicklung an Gesellschaft und Technologien überhaupt erst ermöglichte.

Die Nahrungsproduktion ist wohl im Kontext der Neolithischen Revolution und in der nachfolgenden historischen Stufe ein zentraler Sachverhalt. Das aber zurückzuprojizieren, geht an der vorausgehenden Entwicklung wie auch insgesamt an dem Verstehen des historischen Prozesses vorbei.

2.2 Zu den Einzelheiten der vermeintlichen „Neolithischen Revolution“ am Ende der Eiszeit

„Warum ließen sich die Menschen nieder und wurden Bauern, die sich Ackerbau und Viehzucht verschrieben? Bislang gibt es keine plausible Erklärung. Denn die Bewirtschaftung der Felder war [in dieser Zeit] *viel zu aufwendig und die Erträge waren viel zu gering, als dass es sich gelohnt hätte, das Jäger- und Sammer-Dasein aufzugeben.“* [4]

„Niemand konnte die landwirtschaftliche Revolution vorhersehen und niemand wollte sie. Eine Abfolge winziger Entscheidungen, mit denen sich die Menschen den Magen füllen und ein bisschen Sicherheit gewinnen wollten, summierte sich so lange, bis die alten Wildbeuter unter sengender Sonne Wassereimer schleppten.“ (Harari: 115)

Das alte Geschichtsmodell basiert auf einer langen Geschichte mythologisch begründeter Vorstellungen, die man in den Anfängen einer wissenschaftlichen Geschichtskonzeption als Tatsachen übernahm, da man noch nicht über andere Einsichten verfügte.

Dieses beginnt etwa damit, dass man zunächst die Menschheit für gerade 6000 Jahre alt hielt. Wenn dann auch die Evolutionstheorie ein ganz anderes Alter vermuten ließ, so brachte man dieses höhere Alter mit einer „Tierstufe“ des Menschen in Verbindung, worunter man in den Anfängen mitunter auch die Schimpansen rechnete. Als Beginn einer wirklichen Kultur-Entwicklung sah man noch am Ende des 19. Jh.s die griechi-

[4] in: Josef H. Reichholf: Warum die Menschen sesshaft wurden – Das größte Rätsel unserer Geschichte, S. 2

sche Antike, die nach dem >finsteren Mittelalter< mit der (deswegen so bezeichneten) Renaissance („Wiedergeburt") wieder aufgenommen worden wäre (von diesem Stand sind auch die Grundlagen der sozialistischen Theorie geprägt).

Danach sah man dann mit der „altorientalischen Hochkultur" vor rund 5000 Jahren den >Beginn von Geschichte<. In dieser Hinsicht brachte Gordon Childes Theorie der >Neolithischen Revolution< vor rund 10.000 Jahren noch einmal eine beträchtliche Erweiterung in den kulturgeschichtlichen Horizont. Es ist gar noch jung, dass dies noch einmal um ein paar Jahrtausende aufgestockt wurde, dass man nun den >Beginn der Kulturentwicklung< mit dem Ende der Eiszeit in Verbindung bringt.

Tatsächlich setzt am Ende der Eiszeit ein völlig neuer Entwicklungsprozess ein, doch erklärt sich dieser nicht als >Beginn der Kulturentwicklung<. Der Beginn der Kulturentwicklung ist der eigentliche humanevolutionäre Prozess selbst, der im Vorfeld vor unserer Art Homo sapiens sein evolutionär vollgültiges Ergebnis erreichte. Von daher ist der Mensch von seiner genetischen Anlage her ein kulturales, d.h. auf die Installation der inzwischen entwickelten Software >Kultur< angelegtes Wesen. Diese Anlage hat den Vorteil, genetisch in seinem Verhalten nicht mehr fixiert zu sein, sondern seine Lebensform selbst bestimmen und diese auch entwickeln zu können. Das ist auch das große Thema, bei dem die Mesolithische Revolution eine zentrale Rolle spielt.

Es geht hier keineswegs darum, die Möglichkeit an Weiterentwicklung zu bestreiten – ganz im Gegenteil. Nur gibt es deswegen keinen Grund, Homo sapiens und seine evolutionäre Kultur und Sprache bis zum Ende der Eiszeit für irgendwie primitiv zu halten. Die Kategorie >Wildbeuter< ist wohl in dem kulturanthropologischen Modell im Vergleich auf andere Kultur- und Ernährungsstrategien von Bedeutung. Doch mit >Wildbeuter< an sich wird von der humanevolutionären Entwicklung von Kultur noch überhaupt nichts wahrgenommen. Wildbeuter waren schon die Affen und nicht erst die.

Eine „Tierstufe“ gibt es bei Homo sapiens von Anfang an nicht mehr. Wo >Mensch< ist, da ist evolutionär nicht mehr >Tier<, auf jeden Fall bei unserer Art Homo sapiens. Der humanevolutionäre Prozess selbst ist der Umschlag vom >Tier< zum >Menschen<, nämlich in der Ablösung von der genetischen Verhaltenssteuerung der Tierstufe zur Befähigung zur Selbststeuerung. Die Entwicklung von Kultur ist die äußere Form dieser Befähigung, die entsprechende kulturale Anlage unserer Art Homo sapiens deren genetische Basis. Infolge dieser humanevolutionären Entwicklung von Kultur ist der Mensch in seiner kulturalen Anlage alles andere als primitiv. Die persönliche und die gemeinschaftliche Selbststeuerung setzen eine entsprechend qualifizierte Reflexion, Sprache und Kommunikation voraus. Alles andere erbringt bei der kulturalen Anlage des Menschen unweigerlich Probleme an kultureller Verwahrlosung wie Barbareien, Herrschaft oder auch kulturelle Zusammenbrüche.

Anders als in dem früheren Geschichtsbild, wo man die Anfänge der Entwicklung von Kultur bei den Griechen ansetzte, erklären sich Hunger, Sklaverei, Kriege und Faschismus nicht mehr als Sachverhalte der Evolution, sondern *ganz im Gegenteil* als Bestandteile der historischen Entwicklung ab dem Ende der Eiszeit. Wie noch näher gezeigt wird, bedeutete hier die Entwicklung der Nahrungsproduktion *in historischer Hinsicht* (auf diese Modifikation lege ich Wert!) nicht die Lösung der aufgekommenen Probleme, sondern ganz im Gegenteil deren Steigerung und *in Teilen* sogar auch ihre Ursache:

> „Seltener macht man sich klar, wie viel Unglück der Mensch mit der Landwirtschaft über sich selber gebracht hat: die Fron, die Armut, die großen Kriege - und sogar den Hunger.“ [5]

Ich bin sehr wohl der Meinung, dass die Entwicklung der Nahrungsproduktion – die auch alles Andere als zufällig war - *als solche* positiv war und auch eine grundlegende Voraussetzung

---

[5] Wolf Schneider: Wir Neandertaler, S. 180 f.

für eine höhere Kulturentwicklung ist. Sie ist eine Technik, ein Mittel – doch wofür und auf welchem Hintergrund? Die Probleme, die *historisch mit* der Nahrungsproduktion aufkamen, verknüpften sich vielmehr mit ihren geistig-organisatorischen *Voraussetzungen* und ihrer *Verselbständigung*. Wenn man dies früher nicht hinreichend in den Blick bekam, ist es jedoch an der Zeit, dies heute in der historischen Forschung zu erreichen und von einer falschen Mythologie wegzukommen.

Die Vorstellung, die eiszeitlichen Kulturen des Homo sapiens hätten in Hunger und Elend gelebt, sind in dieser Form im Allgemeinen völlig gegenstandlos, wie auch Affen unter natürlichen Verhältnissen gemeinhin nicht in Hunger und Elend leben. Die systematisch wirksam werdenden Probleme von Hunger und Elend sind für den Menschen erst am Ende der Eiszeit in den damaligen gigantischen Naturkatastrophen und –Umbrüchen aufgekommen, dann aber auch in den weiteren Entwicklungen von Macht und Krieg selbst produziert worden (s.u.).

Zunächst gilt erst einmal festzustellen:

> „Die verbreitete Vorstellung, dass Wildbeuter [= *Jäger und Sammler-Kulturen*] stets am Rande des Existenzminimums darben und die Übernahme der Landwirtschaft für sie ein Gewinn wäre, ist falsch. Im Gegenteil - in völkerkundlichen Studien aus den 70er Jahren werden Wildbeutergruppen als >Überflussgesellschaften< charakterisiert: Sie haben in der Regel alles, was sie brauchen, und benötigen für ihre Existenzsicherung nur einen Bruchteil der Zeit, die Bauern dafür aufwenden.“ [6]

In Bezug auf die >Buschleute< in Afrika:

> „Drittens müssen die Jäger und Sammler für das Überleben nicht hart arbeiten -, und darin liegt offenbar wenigstens

[6] Brigitte Röder, in: Bärbel Auffermann & Gerd-Christian Weniger: Frauen - Zeiten - Spuren, S. 242

teilweise der Grund, warum sie dieses Leben führen. Schätzungsweise arbeitet ein Erwachsener im Durchschnitt 15 Stunden pro Woche [...]. Diesem einfachen, aber sicheren [!] und relativ mühelosen Leben dürfte ihr Selbstbewusstsein, ihre Neigung zu Verschwendung und ihre scheinbare Sorglosigkeit zuzusprechen sein – Eigenschaften, die bei den weniger sicher [!] lebenden, sesshaften Bauern und Stadtbewohnern der Mittelklasse für Neid und Verärgerung sorgen." [7]

„Überhaupt ist es typisch für Sammlerinnen- und Jägergesellschaften, die unter Bedingungen wie die der afrikanischen leben, dass sie ein ausgesprochen unbekümmertes, heiteres Naturel besitzen, sich gerne amüsieren und viel lachen.
Die Voraussetzungen dazu sind ihnen auch wahrlich gegeben. Man hat errechnet, dass Buschmänner oder Hadza zum Beispiel einen Arbeitsaufwand von weniger als zwei Stunden pro Tag aufbringen müssen, um ihren Lebensunterhalt sicherzustellen. Es bleibt ihnen also reichlich Muße, die ihre Phantasie beflügelt und die sie denn auch mit viel Spiel, Tanz, Gesang, Unterhaltung und Geschichtenerzählen ausfüllen. Man darf annehmen, dass dies früher [...] nicht viel anders war." [8]

Selbst über die nicht so einfachen Eiszeit-Verhältnisse im Europa heißt es:

„Berechnungen über die durchschnittliche Zahl an täglichen Arbeitsstunden zur Sicherung der Ernährung incl. Hausbau, Herstellung von Kleidung, Vorratswirtschaft usw. ergaben ein erstaunliches Resultat: Lediglich vier bis fünf Stunden pro Tag musste ein Cromagnon im Jahresdurchschnitt für diese Tätigkeiten aufbringen [...]." [9]

---

[7] Wilhem Östberg, in: Göran Burenhult: Illustrierte Geschichte der Menschheit V, S. 142
[8] H. Christoph, K. E. Müller & Ute Ritz-Müller: Soul of Africa, S. 91
[9] Harald Braem: Die magische Welt der Schamanen und Höhlenmaler, S. 72

„Selbst in der eisigsten Zeit – das wissen wir jetzt – aßen nomadisch lebende Menschen verblüffend gut und gesund.“ [10]

Natürlich kann dies lediglich eine allgemeine Charakterisierung darstellen. Es gab über die Länge von Jahrzehntausenden auch schon vor dem Ende der Eiszeit durchaus einzelne Szenarien, die von Notstand gezeichnet waren. Doch insgesamt ist schon für den Zweig der Primaten ab der Stufe der >einfachen Affen< in Bezug auf die äußere Natur festzustellen:

„Das Leben der vorausgegangen Jäger und Sammler, wie auch das der höheren nicht-humanen Primaten, war ein leichtes.“ [11]

„So führten die wenigen Menschen, die nomadisierend das Land durchzogen, wahrscheinlich ein fröhliches Jägerleben, unbeschwert und glücklich, allen guten Dingen dieser Erde zugetan. Daher auch die Vermutung, dass sich in der Paradieslegende die Erinnerung an diese letzte Epoche der Eiszeit erhalten habe.“ [12]

Schon die Annahme der alten Konzeption der Neolithischen Revolution, die Ansätze von Nahrungsproduktion wären erst in dieser Zeit erfolgt, ist gegenstandslos, vor allem jedoch die Vorstellung, die Entwicklung erkläre sich durch eine erst damalige Entdeckung der Mechanismen der Vermehrung. Der schon humanevolutionär entwickelte Komplex der Jugend-Initiation hatte u.a. den Hintergrund, dass man die Kontexte von >Fruchtbarkeit< bei Pflanzen, Tier und Mensch kannte und sie entsprechend den Jugendlichen nahe bringen musste, entstanden den ursprünglichen Kulturen aus zu viel Nachwuchs nur Probleme.

Auch war es den früheren Kulturen nie fremd, sich technischer Vorteile – auch an Nahrungsproduktion – zu bedienen, wo sie denn wirkliche Vorteile waren. Auch die Wildbeuter halten

[10] Bill Bryson: Eine kurze Geschichte der alltäglichen Dinge, S. 57

[11] Doris F. Jonas, in: Richard Fester u.a.: Weib und Macht, S. 190

[12] Rudolf Pörtner: Bevor die Römer kamen, S. 101 f.

sich gelegentlich gefangene Tiere zum Vorrat. Schon Tiere sammeln Samen und legen sich Vorräte für jahreszeitliche Engpässe an (bekanntlich Vögel, Hamster usw.). Ich will hier gar nicht auf Einzelheiten bislang noch kontroverser Debatten um Deutungen archäologischer Befunde vor dem Ende der Eiszeit eingehen. Es reicht hier darauf zu verweisen, dass es keinen Grund gibt, Ansätze von Nahrungsproduktion für die eiszeitlichen Kulturen auszuschließen, wo sie effektiv nützlich und von Vorteil waren.

Der entscheidende Punkt ist hier vielmehr, dass gemeinhin für eine Nahrungsproduktion keinerlei Notwendigkeit bestand und diese insgesamt auch eher bedeutsame Probleme als Vorteile erbrachte (s.u.). Es ist allein dieser Grund, warum es erst in der historischen Entwicklung, nämlich erst ab bestimmten Bevölkerungsgrößen und –Dichten zu der Entwicklung einer systematischeren Nahrungsproduktion kommt.

Anders als hier gemeinhin diskutiert wird, liegen die entscheidenden kulturellen und sozialen Unterschiede weder zwischen >Wildbeutertum< und >der Nahrungsproduktion< noch zwischen dem >niederen< und dem >höheren Bodenbau<. Die entscheidenden Unterschiede bestehen nach dem kulturanthropologischen Modell von Frank Robert Vivelo vielmehr zwischen der ersten und der zweiten Stufe des Niederen Bodenbaus. [13]

Gewisse Ansätze von Nahrungsproduktion konnten in Momenten unter bestimmten Bedingungen durchaus von Vorteil sein. Unter manchen Umständen wurden sie nötig und auch zu einer Alternative zu Kämpfen um Ressourcen. Doch schon ein substanzielleres Maß an erstem Bodenbau hatte sehr schnell Konsequenzen, wenn man seinen Anbau dauerhaft und unbedingter sichern musste. Der Anbau musste gepflegt und dann gegen tierische oder auch fremde menschliche Nutznießer geschützt werden. Da man aber bei einer solchen Sicherung nicht mehr weiter herumziehen konnte, entstehen neuartige Ressour-

[13] S. dazu die >Stadien des niederen Bodenbaus< in: Frank Robert Vivelo: Handbuch der Kulturanthropologie, S. 92 ff.

cen-Probleme, da ein kleines Gebiet nicht dauerhafter genügend Ressourcen hergab (das war längerfristig sogar bei Ackerbau der Fall, bis man im 19. Jh. chemisch Dünger herzustellen vermochte). Von da aus entstehen hier sehr leicht und schnell Scheidelinien, deren Überschreitung Folgen zeitigen. Exakt dies belegt sich historisch im Einzelnen:

> „Pflanzenbau bedeutet keineswegs eine Erleichterung des Lebens, denn der Jäger und die Sammlerin kannten wesentlich sicherere und vielfältigere Strategien der Nahrungsbeschaffung.“ [14]

> „Die landwirtschaftliche Revolution läutete auch keine Ära des angenehmen Lebens ein, ganz im Gegenteil, der Alltag der Bauern war härter und weniger befriedigend als der ihrer Vorfahren. Die Jäger und Sammler ernährten sich gesünder, arbeiteten weniger, gingen interessanteren Tätigkeiten nach und litten weniger unter Hunger und Krankheiten.“
>
> (Harari: 104)

Die Nahrungsproduktion war ab einem gewissen Maß nicht nur mit erheblicher Arbeit statt mit größeren Annehmlichkeiten verbunden. Vor allem erbrachte sie auf etliche Zeit keine bessere Versorgung, sondern ganz im Gegenteil höhere Versorgungsprobleme, Krankheiten, eine höhere Sterblichkeit und eine mitunter deutlich verkürzte Lebenserwartung.

> „Wie bereits ausgeführt, hatte die häufig als >große Kulturtat< und >weltgeschichtlicher Fortschritt< gefeierte Einführung der Landwirtschaft durchaus ihre Schattenseiten, die sich auch auf den Gesundheitszustand und die Lebenserwartung der Menschen auswirkten. So wurde weltweit bereits mehrfach beobachtet, dass mit der Neolithisierung häufig eine Verschlechterung des Gesundheitszustandes und ein Absinken der Lebenserwartung einhergingen.

---

[14] Christian Strahm, in: Die ZEIT Welt- und Kulturgeschichte, Band 1, S. 125

Die Gründe dafür sind vielfältig. Allgemein rechnet man mit einer Zunahme und Ausbreitung infektiöser Krankheiten, was durch das dichte Zusammenleben größerer Menschengruppen in festen Dorfgemeinschaften begünstigt wurde; neben der größeren sozialen Dichte dürften hier auch die mit ihr verbundenen, verschlechterten Hygienebedingungen sowie der enge Kontakt mit den Haustieren, die Parasiten und Krankheiten übertragen können, wichtige Faktoren gewesen sein. Ein häufig beobachtetes Phänomen sind auch Mangelerscheinungen, da die Ernährung in Bauerngesellschaften teilweise recht eiweißarm, einseitig und bei weitem nicht so abwechslungsreich und ausgeglichen ist wie bei Jägern und Sammlerinnen. Hinzu kommt die größere Störanfälligkeit der Landwirtschaft, die sich - wie auch aus historischer Zeit allzu bekannt - in immer wieder auftretenden Hungersnöten niederschlägt.“ [15]

Der Nahe Osten ist hierbei nicht die Ausnahme, sondern der regelrechte Musterfall:

„In den Skeletten finden sich Indizien für Minderversorgung, womöglich durch Vitamin- und Eiweißmangel oder schlichten Hunger. Und die Menschen schrumpften. >Wir sehen eine drastische Reduktion der Körpergröße<, sagt der Paläoanthropologe Jean-Jacques Hubling vom Leipziger Max-Planck-Institut für evolutionäre Anthropologie. >In der Übergangsphase waren die Leute schlecht ernährt.<“ [16]

„In den Anfangszeiten der Landwirtschaft im Nahen Osten sank die Durchschnittsgröße der Menschen um fünfzehn Zentimeter.“ [17] (- satte 15 cm!)

---

[15] Brigitte Röder, in: Bärbel Auffermann & Gerd-Christian Weniger: Frauen - Zeiten - Spuren, S. 259 f.

[16] Ulrich Bahnsen: Der Treck nach Westen, in: Die *Zeit* Nr. 30, 20. Juli 2006, S. 25 f.

[17] Bill Bryson: Eine kurze Geschichte der alltäglichen Dinge, S. 57

Die Skelette der Einwohner von Abu Hureyra, den „ersten Bauern der Welt“ ab - *erst*! - ca. 9000 v. Chr., zeigen „häufig eigenartige pathologische Merkmale. Der Zustand der Zehen-, Knöchel- und Kniegelenke lässt vermuten, dass die Menschen viele Stunden am Tag kniend mit untergebogenen Zehen zubrachten. Die starke Entwicklung der Schultern und der Oberarme spricht für eine Arbeit mit den Armmuskeln, und die Pathologien der unteren Rückenpartien zeigen, dass der Körperstamm ständig vor und zurück bewegt wurde. Die einzige Tätigkeit, auf die alle diese Merkmale gleichzeitig zutreffen, ist die Mehlherstellung mit Mahlsteinen. Dies muss in sehr großem Umfang erfolgt sein, so dass die pflanzliche Nahrung das Fleisch wohl überwog.“ [18]

Bei dem „Zahnbefund bei vielen Skeletten in Ain Mallaha“ als einem der Orte der Anfänge der „Sesshaftigkeit“: „Die Zähne sind nämlich infolge einer übermäßigen Getreidediät, gemischt mit dem groben Sand von den Mahlsteinen, bis aufs Zahnfleisch abgewetzt.“ [19]

> „Da die Menschen in schmutzigen und verkeimten Siedlungen lebten, die Kinder mehr Getreide und weniger Muttermilch bekamen und jedes Kind mit immer mehr Geschwistern um den Haferschleim konkurrierte, schoss die Kindersterblichkeit in die Höhe. [...] Die Kinder starben wie die Fliegen.“ (Harari: 111 f.)

Zum (früheren) Ackerbau:

> „Für derlei Arbeiten ist der Körper des *Homo sapiens* vollkommen ungeeignet. Er wurde von der Evolution geschaffen, auf Bäume zu klettern und hinter Gazellen herzujagen, und nicht Steine vom Boden aufzulesen und Wassereimer zu

[18] P. Rolwley-Conwy, in: G. Burenhult: Illustrierte Geschichte der Menschheit II, S. 27

[19] James Mellaart, in: Leone Fasani: Die illustrierte Weltgeschichte der Archäologie, S. 365 f.

schleppen. Rücken, Knie, Gelenke und viele andere Körperteile zahlten einen hohen Preis für die landwirtschaftliche Revolution. Untersuchungen von fossilen Skeletten zeigen, dass der Übergang zur Landwirtschaft ein Füllhorn von Leiden mit sich brachte, von Rücken- und Gelenkschmerzen bis hin zu Leistenbrüchen.“ (Harari: 106)

Dass dies soziale Hierarchien und Sklaverei zur Folge hatte, versteht sich insofern ganz von selbst. Man ließ nach Möglichkeit andere arbeiten oder suchte sich zumindest die lukrativeren Tätigkeiten aus.

Umgekehrt bieten die ethnologischen Erkenntnisse keinen Anhalt, dass die Alten Kulturen über ihre Lebensverhältnisse unglücklich gewesen wären und sie auf die neuen Möglichkeiten mit der Nahrungsproduktion erpicht gewesen wären.

„In der Tat berichten Wissenschaftler, die Gelegenheit hatten, einige der letzten primitiven [!] Völker auf dieser Erde kennen zu lernen, wie zufrieden diese Menschen mit ihrer Lebensweise waren.“ [20]

„Auch das Verhalten von heutigen bzw. von bis vor kurzem noch traditionell lebenden Wildbeutern scheint eher die erstgenannten Erklärungsmodelle zu stützen: Obwohl sie die landwirtschaftlichen Techniken durchaus beherrschen, gehen sie nur dann zur bäuerlichen Lebensform über, wenn sie ihre Ernährung nicht mehr durch Sammeln, Jagen und Fischen sichern können. Ein häufiger Grund dafür sind benachbarte bäuerliche Gemeinschaften, die ihr Siedlungsgebiet auf Kosten des Schweifgebietes der Wildbeuter ausweiten. Mit dem Land entziehen sie letzteren zugleich auch die Ressourcen; die Wildbeuter werden so gezwungen, ihre aneignende Wirtschaftsweise aufzugeben und ebenfalls Bauern zu werden. Interessant ist nun, dass Ackerbau trei-

---

[20] John McCrone: Als der Affe sprechen lernte, S. 214

bende ehemalige Wildbeuter ihre neue Lebensform nach eigenen Angaben nicht für erstrebenswert halten: Sobald sich eine Möglichkeit bietet, geben sie die Landwirtschaft wieder auf und kehren zu ihrer traditionellen Wirtschafts- und Lebensform zurück.“ [21]

> „Ein charakteristisches Beispiel: Die Desana Kolumbiens behaupten von sich, Jäger zu sein, obschon 75 % ihrer Nahrung aus Fischerei und Gartenbau herrührt; aber in ihren Augen ist nur das Leben eines Jägers lebenswert.“ [22]

> „Die Bororro [*Afrika*] fühlen sich den sesshaften Bauern, an denen sie mit ihren Herden vorüberziehen […], haushoch überlegen und halten diese für kaum mehr als Sklaven.“ [23]

Bei den Mongolen galt dies gar in Bezug auf die Viehzüchter:

> „Formulierungen wie >die glücklichen Waldvölker< (Geheime Geschichte, § 239) deuten wohl darauf hin, dass den höher entwickelten Steppennomaden die Waldleute ob ihrer ungebundenen Lebensweise und geringeren sozialen Differenzen in einer Art >Goldenem Zeitalter zu leben schienen; andererseits erachteten auch die Waldleute selbst ihre relative Freiheit als wertvoller als das etwas stärkeren Bindungen unterworfene Leben der Viehzüchter.“ [24]

Tatsächlich erzählen die prä-neolithischen Mythologien von dem >*Verlust* des Paradieses< und dem nun entstandenen >Fluch zur Arbeit< („im Schweiße deines Angesichts“) – das spiegelt keine Fantasterei (sofern man dies nicht mit einem „Schlaraffenland“ verwechselt), sondern ebenso wie der Be-

---

[21] Brigitte Röder, in: Bärbel Auffermann & Gerd-Christian Weniger: Frauen - Zeiten - Spuren, S. 242 f.

[22] Mircea Eliade: Geschichte der religiösen Ideen I, S. 44 in Anmerkung 17

[23] Wilhem Östberg, in: Göran Burenhult: Illustrierte Geschichte der Menschheit V, S. 133

[24] Erika & Manfred Taube: Schamanen und Rhapsoden, S. 19 f.

richt von der >Sintflut< (→ 3.1) ein ganz reales Erleben der damaligen Ereignisse und Entwicklungen.

> „Die biblische >Vertreibung aus dem Paradies< wird zu einer sehr wirklichkeitsnahen Umschreibung der Vorgänge. Mit dem Ende der Eiszeit begann die >schlechte Zeit< für den Menschen […].“ [25]

Spanische Levante (Nachzeichnung nach Anati: S. 295)

Das neue Motiv von Jagdszenen, da in Süd- und Mitteleuropa nach dem Ende der Eiszeit der Jagderfolg keine Selbstverständlichkeit mehr war:

> „Da Einzelwild wie Hirsch und Elche jedoch erheblich schwieriger [*als die Herdentiere wie Ren und Pferd*] zu erlegen war, brauchte man neue Jagdwaffen, um erfolgreich zu sein. Als Folge setzten sich Pfeil und Bogen als Jagdwaffen nun in fast allen Teilen Mitteleuropas durch […].“ [26]

---

[25] Josef H. Reichholf: Das Rätsel der Menschwerdung, S. 11
[26] Hermann Parzinger: Die Kinder des Prometheus, S. 226)

3 Zur Entstehung der Mesolithischen Revolution

Die Mesolithische Revolution war der menschheitsgeschichtliche Umschlag von der humanevolutionär entwickelten Kultur des Homo sapiens in den Prozess der historischen Entwicklung.

Dieser Umschlag verknüpft sich hierbei mit dem >Paket< einer wechselseitigen Entwicklung aus einer neuartigen Sozialorganisation, einer neuartigen Kultur-Auffassung und einer historisch neuartigen Sprach-Anlage.

Doch dies **alles** erklärt sich **nicht -** anders als es das Geschichts-Bild auf der Basis der Neolithischen Revolution sieht - als eine Weiterentwicklung der vorausgehenden Kultur des Homo sapiens. Diese **Revolution** hatte völlig andere Ursachen.

Das gängige Geschichts-Bild auf der Basis der Neolithischen Revolution leitete sich aus der Fortschritts-Mythologie des 19. Jahrhunderts ab und ergibt auch letztlich eine eindimensionale Vorstellung einer Fortschritts-Geschichte.

Es geht hier nicht darum, eine historische Fortschritts-Entwicklung zu bestreiten, sondern darum, die tatsächlichen historischen Fakten am Ende der Eiszeit und im Gesamten aufzunehmen. Darauf, dass sich die Anfänge der Nahrungsproduktion nicht einfach als Fortschritt erklären, wurde schon verwiesen, und Weiteres wird noch gezeigt. Auch die beiden Weltkriege und die Faschismen sind nicht als kleine dumme Unfälle in einem ansonsten eindeutigen Fortschritt zu sehen, der den humanevolutionären Schritt von der Tierstufe mit Verhältnissen aus Macht, Gewalt und Konkurrenz hin zu einander zugewandten Gemeinschaften in Kommunikation nun etwa auch noch um die Weltraum-Forschung bereichert hätte. Vielmehr erweisen sich die beiden Weltkriege und die Faschismen als Produkte der Schattenseite der historischen Entwicklung, die von Anfang an ihr Bestandteil war.

Im 19. Jahrhundert erklärte man sich die Befunde von Macht, Despotie, Gewalt, Ausbeutung bis hin zu Sklaverei und weitere Barbareien aus der evolutionären Tier-Stufe des Menschen. Das ergab, solange man die Menschheit für gerade 6000 Jahre alt und die griechische Antike als den ersten Ausdruck der Entwicklung von Kultur halten konnte, durchaus Sinn. Doch so stellt sich die Sachlage schon lange nicht mehr dar. Von den heutigen Zeitansätzen der Humanevolution und der historischen Entwicklung können die Entwicklungen von Macht, Gewalt, Sklaverei und Barbarei beim Menschen nicht mehr der Evolution und der eiszeitlichen Kultur zugerechnet werden, sondern erweisen sich als *eindeutiger* Bestandteil der historischen Entwicklung.

Das Geschichts-Bild auf der Basis der Neolithischen Revolution bietet hierfür keine Erklärung. Nicht einmal in dem Kontext von Göbekli Tepe, deren Anlage, wie man selbst sieht, von einer auffälligen Aggressions-Symbolik gekennzeichnet ist (→ 5.3), kommt man mit seiner *Vorstellung* von dem „Goldenen Dreieck der Kulturentwicklung“ auf den Gedanken, dass dort Aggressions-Probleme bestanden haben könnten (wie es jedoch offenbar der Fall war). Weiter fragt sich, wie denn die so heftigen Ernährungsprobleme im Nahen Osten, die stärker als sonst irgendwo heraustreten, mit der Vorstellung eines besonders „Fruchtbaren Halbmondes“ zusammen passen (auch haben Schafe und Ziegen an sich nichts mit fruchtbaren Verhältnissen zu tun).

3.1 Die gigantischen Naturkatastrophen am Ende der Eiszeit

Die neuen kulturellen und sprachlichen Entwicklungen, die am Ende der Eiszeit einsetzen, erklären sich nicht, wie man früher meinte, als Umschlag von der biologischen Evolution in die kulturelle Fortschrittsgeschichte. Vor allem sind sie nicht der Beginn der Entwicklung von Kultur – das ist vielmehr der Inhalt der humanevolutionären Entwicklung mit ihrem Resultat unserer kulturalen Anlage als Homo sapiens.

Vielmehr stehen die Entwicklungen am Ende der Eiszeit mit den damaligen gigantischen Naturkatastrophen und –Umbrüchen in Verbindung.

> „Dieser grundlegende Klimawechsel, der für viele Pflanzenfresser das Aussterben bedeutete, betraf auch den Menschen.“ [27]

> „Die letzten 5.000 Jahre der Eiszeit waren eine Periode von Klimaveränderungen geradezu apokalyptischen Ausmaßes, die alles übertrafen, was uns heute bekannt ist.“ [28]

Zu diesen gravierenden Naturkatastrophen am Ende der Eiszeit gehört auch die >Sintflut< („die große Flut“), von denen viele Kulturen der Welt berichten, in *Teilen* mit durchaus als authentisch einzuschätzenden Erlebnissen, wie etwa bei den Aborigines. Der ungeheuere Anstieg des Meeresspiegels um ca. 120 m infolge des Abtauens der eiszeitlichen Gletschermassen ließ gewaltige Gebiete im Meer untergehen, so auch „die

---

[27] W. von Koenigswald & J. Hahn: Jagdtiere und Jäger der Eiszeit, S. 92 f.

[28] Brian Fagan: Die Eiszeit – Leben und Überleben im letzten großen Klimawandel, S. 131

Hälfte Westeuropas". [29] S. zu Australien weiter → 4.2.1. Auch der Nahe Osten dürfte sehr gravierend von dieser Entwicklung betroffen gewesen sein (beträchtliche Erweiterung des Roten Meeres; Entstehung des Persischen Golfs in einer zeitweilig tendenziellen Größe von Deutschland, was zudem eine Isolation von Arabien zur Folge hatte; und wenn am Mittelmeer keine großen Landstrecken verloren gingen, so doch bei der Nähe der Wüste besonders wichtige Küstenbereiche).

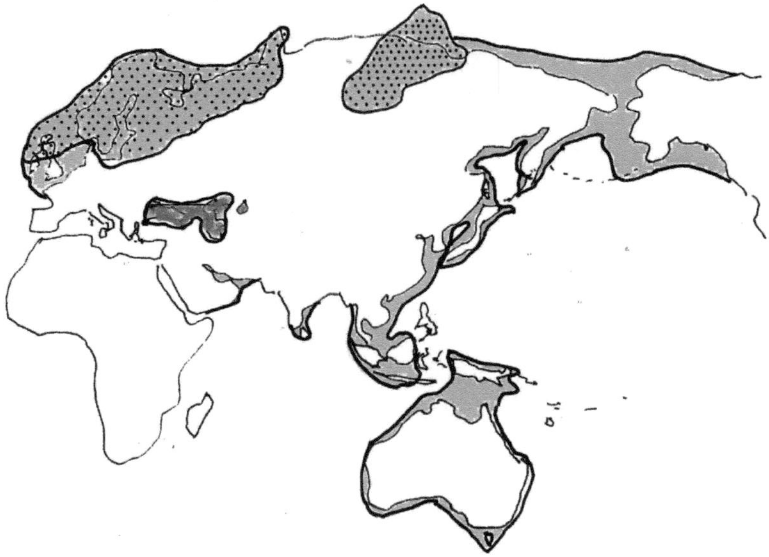

Karte der Eiszeit vor ca. 20.000 Jahren:
***gepunktet** Eis-Vergletscherung; **dunkel**: Land, das mit dem Anstieg des Meeresspiegels am >Ende der Eiszeit< **unterging**. Das Kaspische und das Schwarze Meer (ganz dunkel) bildeten einen Süßwasser-See.*
Grobskizze nach verschiedenen Angaben

[29] David Hurst Thomas, in: Göran Burenhult: Illustrierte Geschichte der Menschheit II, S. 11

Anders als vielen höheren Tier-Arten gelang es dem Menschen wohl zu überleben, doch verbreitet auch nicht viel mehr.

Ganz im Gegensatz zu den früheren Vorstellungen wurde **vor allem** auch der Nahe Osten von diesen **Problemen** betroffen. Die Mesolithische Revolution und die ganze weitere Entwicklung haben hierin ihren Hintergrund. Es erklärt sich weder durch besonders fruchtbare Verhältnisse (eines „Fruchtbaren Halbmondes") noch durch eine klimatische Optimierung, dass der Nahe Osten damals von Notstands- und von Ernährungsproblemen wie sonst nirgends auf der Welt getroffen wurde. Um es hier noch einmal zu wiederholen (→ 2.2):

> „In den Skeletten finden sich Indizien für Minderversorgung, womöglich durch Vitamin- und Eiweißmangel oder schlichten Hunger. Und die Menschen schrumpften. >Wir sehen eine drastische Reduktion der Körpergröße<, sagt der Paläoanthropologe Jean-Jacques Hubling vom Leipziger Max-Planck-Institut für evolutionäre Anthropologie. >In der Übergangsphase waren die Leute schlecht ernährt.<" [30]

Diese Probleme erklären sich jedoch ursächlich auch nicht durch die Nahrungsproduktion, wie manche inzwischen meinen. Natürlich nahm man hier trotz der kümmerlichen Ergebnisse der höchst aufwendigen Bemühungen seine längst vorhandenen Kenntnisse bzgl. der Nahrungsproduktion mehr und mehr auf, um den Hunger zu lindern, und vor allem, um nach Möglichkeit das Sterben der Kleinkinder zu verhindern. Doch insgesamt führte dies im Unmittelbaren tatsächlich eher zu einer Steigerung der Versorgungsprobleme. Freilich war es hier gar nicht möglich, bei der vorausgehenden Strategie der Jäger und Sammler zu verbleiben. Denn die Ländereien und Ressourcen wurden hier inzwischen bereits organisiert und abgesteckt. Die damalige Situation im Nahen Osten ist nicht mehr ohne die Hintergründe der mesolithischen Entwicklungen an Organisation zu verstehen.

[30] Ulrich Bahnsen, in: Die *Zeit* Nr. 30, 20. Juli 2006, S. 25 f.

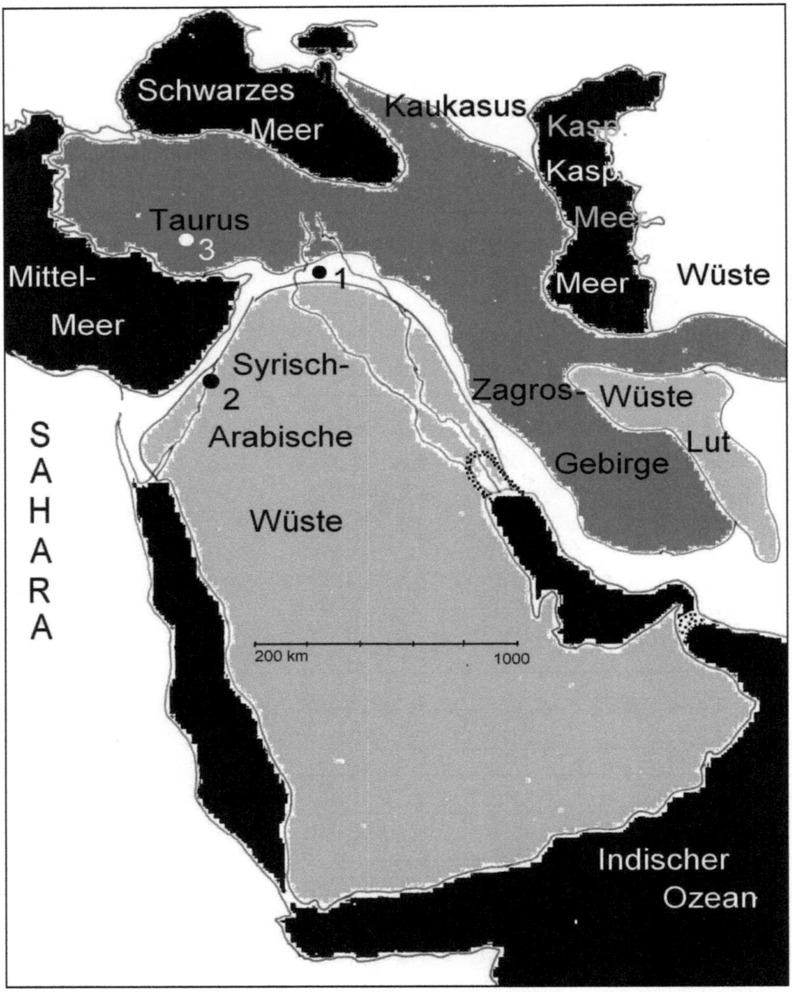

Hellgrau Wüste; Dunkelgrau Gebirge ab 1000 m

<u>**1** Göbekli Tepe; **2** Jericho; **3** Çatal Höyük</u>

Der meist übertrieben ausgemalte „**fruchtbare Halbmond**“ ist lediglich **weder Wüste noch Gebirge**, sondern der relativ schmale Übergang zwischen Beidem oder Küstenstreifen.

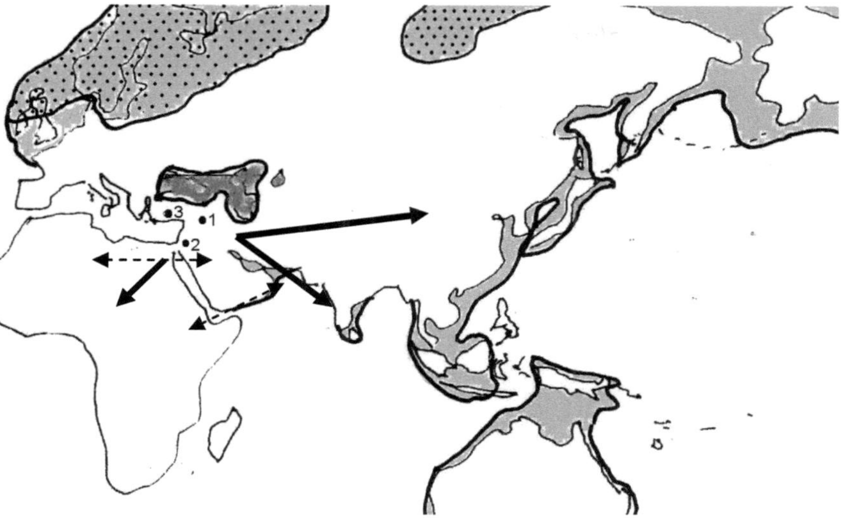

Der Nahe Osten als das im Inneren überaus fragile Zentrum zwischen den Kontinenten Afrika, Europa und Asien (gestrichelt weitere *potentielle* frühe Bezüge)

Zu den Karten:

Die äußerst **schwierige Lage** des Nahen Ostens zwischen **Meeren**, dem großen **Wüstengürtel** von der Sahara bis zur Wüste Gobi und den Hochgebirgen weit größer und höher als die Alpen, die sich östlich mit dem Hindukusch, Himalaja, Altai usw. verlängern. Diese Gebirgsfaltung entstand durch das Driften der afrikanischen Platte nach Norden auf Eurasien, weswegen der Nahen Osten auch stärker von Vulkanismus und Erdbeben betroffen war und ist, was auch bei dem Umbruch vom Pleistozän auf das Holozän verstärkt der Fall gewesen sein könnte (dazu bislang keine Info).

Am >Ende der Eiszeit< entstand der Persische Golf (vorher Küste bei Oman, >Zacke<). Er war zeitweilig 200 km länger als heute.

Anfang der Stammeschronik (>Walam Olam<) der Delawaren

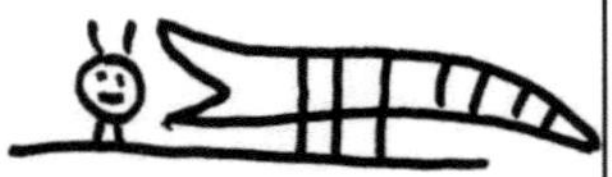

1. Amangamek makdopannek
Die großen Fische die zahlreichen

alendyuwek metsipannek
einige fraßen sie

2. Manitodasin mokol
Die Mondfrau mit dem Boot

witcemap >palpal!<
sie half >komm!<

payat payat wemitcemap
sie kam sie kam half allen.

3. Nanabuc nanabuc
Nanabusch Nanabusch

wemimokom wimimokom
ist der Großvater aller der Großvater der Wesen

linnimokom tulamokom
der Großvater der Menschen der Großvater des Schildkrötenstamms.

Interpretation: (Als die große Flut hereingebrochen war,) fraßen große Fische (die Menschen) auf. Aber die Mondfrau rettete die Menschen und nahm sie in ihr Boot. Nanabuc (>das große Kaninchen<) ist der Ahnherr und Kulturbringer (*culture hero)* der Algonkin-Indianer.

Nachzeichnung und Text nach: Harald Haarmann:
Universalgeschichte der Schrift, S. 42

Die Sintflut-Mythologie bei den Algonkin. Man beachte, dass mit dem Untergang von ***>Beringia<*** *riesige Landverluste zwischen Sibirien und Alaska eines vormals recht günstigen Lebensraumes verbunden waren*

Beispiel China: Auch der Osten Chinas war in einem gewaltigen Ausmaß von dem Anstieg des Meeresspiegels betroffen, und dies sicher auch über den Rückstau der großen Flüsse über eine lange Zeit, woraus sich auch der Bedarf an der neolithischen Nahrungsproduktion erklärt.

Doch scheinen diese Erfahrungen in Überhöhung von der neolithischen Priester/innen-Herrschaft zu ihrer Durchsetzung aufgenommen worden zu sein. Hier ist das mythologische Ur-Paar in der Art von >Adam & Eva< schon zu dem Geschwister-Götter-Paar (in der Art der germanischen Wanen) geworden:

> „Sie waren die einzigen Überlebenden der Flut und nannten sich beide Fu Xi. Als sie älter wurden, schlug der Mann vor, dass sie Kinder haben sollten. Die junge Frau war dagegen, weil sie doch Schwester und Bruder seien. Wenn ihr Bruder sie aber bei einem Wettlauf fangen könnte, so sei sie einverstanden. Fu Xi fing seine Schwester, und von da an gab es die Institution der Ehe. Sobald sie verheiratet waren, nannte die Frau sich Nu Gua.“ [31]

> „[…] das Wasser überschwemmte die ganze Erde […]. Nun brachte die Göttin [*Nu Gua*] den Menschen die Kulturgüter, sie zeigte ihnen den Anbau des Getreides und des Obstes. Sie stiftete die Ehe und gab den Menschen Heiratsregeln. Sie führt die Paare zusammen und schenkt ihnen Kinder.“ [32]

Der Name *Nu Gua* erscheint als eine Parallele zu der vorgriechischen *Ma Ga (Gaia)* >Mutter Erde< (→ 5.4.2), doch ist hier aus dem alten *Ma* >Mutter< schon wie bei >Frau Holle< der formelle Titel *Nu* >Frau< = >Herrin< erwachsen. Dies ist einer der vielen Hinweise, dass diese Tradition ursprünglich aus dem Nahen Osten stammt.

---

[31] Rachel Storm: Die Enzyklopädie der östlichen Mythologie, S. 191

[32] Helma Marx: Das Buch der Mythen, S. 334

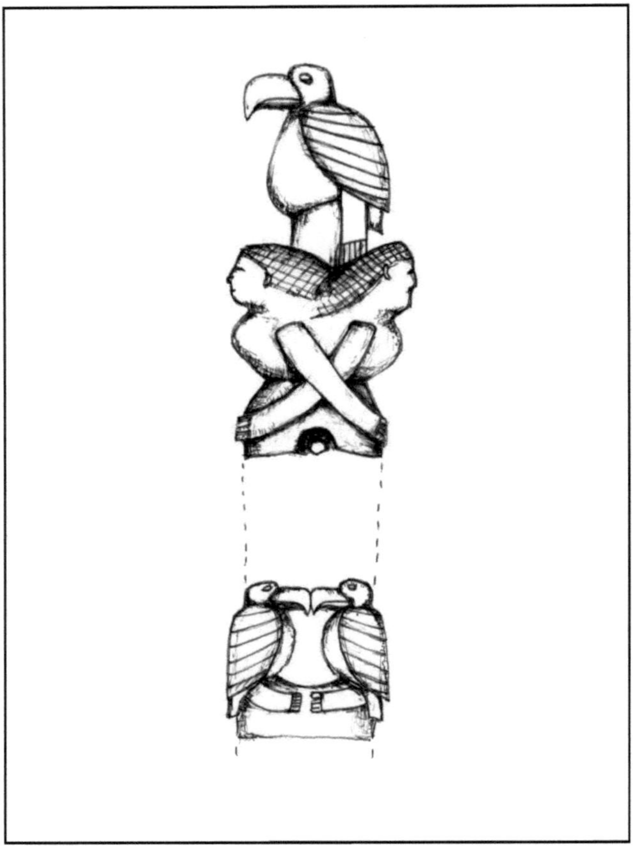

„Rekonstruktionszeichnung des so genannten Totempfahls von Nevalı Çori.“ (Gegend von Göbekli Tepe, 8500 – 7900 v. Chr.)

Zitat und Nachzeichnung nach: Klaus Schmidt: Sie bauten die ersten Tempel, S. 79. Höhe des oberen Teils ca. 1m, Angaben und Foto in: Badisches Landesmuseum Karlsruhe: Vor 12.000 Jahren in Anatolien, S. 289 f.

3.2 Die Stämme-Konzeption

Die ganz genauen Gründe, Szenarien und Zeitpunkte der neuen nahöstlichen Entwicklungen am Ende der Eiszeit sind bislang nicht auszumachen. Sehr grob gesehen kann die Mesolithische Revolution auf etwa 11.000 v. Chr. angesetzt werden, spätestens auf die erste Hälfte des 11. Jahrtausends (etwa in Verbindung mit dem Anbruch der Jüngeren Dryaszeit), vielleicht aber auch schon ein Jahrtausend früher. Bei dem Stand der Forschung lässt sich eine Verhältnis-Bestimmung zu der damaligen nahöstlichen Kultur namens Natufien nicht vornehmen. Der entscheidende Umbruch liegt im kulturellen Bereich, was in seinen *Anfängen* archäologisch materiell (bislang) noch nicht fassbar wird.

Doch so wenig die genauen Anfänge dieser Entwicklung auszumachen sind, so deutlich sind ihre zentralen Inhalte und deren Zusammenhänge.

Es lässt sich von den weiteren Gegebenheiten und Prozessen mit höchster Wahrscheinlichkeit sagen, dass dieser Umschlag vom (Epi-) Paläolithikum auf das Frühe Mesolithikum als dem Sachverhalt der Mesolithischen Revolution mit der Begründung der historisch neuartigen Konzeption >Stamm< verbunden war. Hierfür bieten sich mehrere Anhalte in bezeichnenden Zusammenhängen, die ebenso klare wie entscheidende Aufschlüsse bzgl. dieser damaligen Prozesse liefern.

Diese neuartige Sozialorganisation der Mesolithischen Revolution namens Stamm verbreitete sich in ihrem Gefolge nahezu weltweit, dass man sie früher für natürlich hielt. Doch davon kann keine Rede sein. Sie war vielmehr der entscheidende Grund für die Entstehung der historischen Entwicklung und ihrer immer weitergehenden Dynamik, die schon gleich nach ihrer Begründung einsetzt. Zuerst bewirkte sie im Frühen Mesolithikum eine *Kettenreaktion* im Bereich des Nahen Ostens, und schon nach wenigen Jahrhunderten verbreitet sich diese Konzeption mit dem Mittleren Mesolithikum auf einer neuen Grundlage wohl von Göbekli Tepe aus über die Welt.

Wohl unterhielten die ursprünglichen Kulturen des Homo sapiens schon immer Netzwerk-Kontexte, aber in freier und offener Form mit ständigen (wenn auch keineswegs täglichen) Ortswechseln.

Diese freie und offene Form war hier aber unter den gravierenden Verlusten von Ressourcen in den klimatischen Umbrüchen keine Möglichkeit. Man musste sich bei den knapp gewordenen Ressourcen (in der Umgebung von Wüste) zuerst im Nahen Osten recht strikt organisieren.

Von dem historischen Prozesscharakter ist es wahrscheinlicher, dass diese neue strengere Organisation zuerst positiv ausgerichtet war, nämlich um Ressourcen organisieren und um unnötige Disflikte vermeiden zu können, und weniger, dass sie von Bündnis-Bildungen gegen eine Konkurrenz um Ressourcen ausgegangen wäre. Doch schon am und als Ende des Frühen Mesolithikums kam Beides zusammen, sodass erst eine wieder neuartige Organisation eine Lösung erbrachte, die den ursprünglichen Ansatz des >Stamms< weltweit zu verallgemeinern suchte: der mittelmesolithische Stämme- oder Völker-Rechts-Bund. Dieser Rechts-Bund, der auf der frühmesolithischen Stämme-Konzeption aufbaut und diese damit auch über die Welt verbreitete, ist der eigentliche Höhepunkt der Mesolithischen Revolution. Erst diese tendenziell weltweite Verbreitung ergab auch die historische Wirkmächtigkeit der Mesolithischen Revolution. Der große Komplex von Göbekli Tepe hat hier seinen Kontext.

Doch zuerst ist es die organisatorische Form namens >Stamm<, die das historisch Neuartige erbringt. Der Begriff und die Konzeption >Stamm< gehen darauf zurück, dass es am Ende des (Epi-) Paläolithikums in den entstandenen Notstandsproblemen dazu kam, seine Kinder in festen Formen zu verkuppeln. Die Institution >Ehe< war die erste und die grundlegende Form von Politik und Staat.

Die Konzeption >Stamm< der Mesolithischen Revolution geht auf diese neue Praxis des Heiratens zurück, die nun exklusive institutionalisierte Beziehungs-Verhältnisse begründet. Diese Heiratspolitik setzte sich auch unter dem mittelmesolithischen Völker-Rechts-Bund weiter fort, und sie wurde seit dem Ende des Mittleren Mesolithikum auf privater Basis von Clans zum Ersatz, wo die gesellschaftliche Organisation nicht zureichend funktionierte.

Doch was zuerst die neuartigen Verbindungen begründete, führte recht bald zu grundlegenden Widersprüchen zwischen den privaten Clan- und den allgemeinen sozialen Interessen. Diese Clans werden schon früh zu einem Faktor, der das allgemeinere Sozialleben behinderte und in Teilen gar ruinierte, indem die mächtig werdenden Clans sich mit ihrer Heiratspolitik ihre eigenen privaten Netzwerke schufen und hierbei zentrale Rechte und Privilegien an sich rissen. Schon mit dem Späten Mesolithikum scheint sich im Raum Jericho die in der Bibel vielfach dargestellte Entwicklung anzubahnen, wo es außerhalb der Clans keine Möglichkeit mehr einer Existenz gab, außer ggf. als mehr oder weniger rechtloses Gesinde. Entsprechende Entwicklungen von mächtig werdenden Clans und einer Verelendung der allgemeinen Bevölkerung werden insgesamt zu dem wichtigsten Grund, der die Neolithische Revolution auslöste (die in Teilen durchaus eine soziale Revolution war).

Es ist gut möglich, dass es bereits diese Problematik war, die auch schon die Mesolithische Revolution auslöste, um die entstandenen Sozialprobleme zu lösen. Wohl baut ihre Stämme-Konzeption mit ihrer Idee besonderer exklusiver Verwandtschaftsverhältnisse auf den am Ende des (Epi-) Paläolithikums aufgekommenen Brauch des >Heiratens< auf, doch verknüpft sich mit ihr auch eine entscheidende Abstraktion, die über die Clans hinausgeht und allen >Angehörigen< seines >Stamms< eine soziale Perspektive bietet.

Diese Abstraktion wurde aus der Mythologie gewonnen. Erst über den Weg der Mythologie wurde die neuartige frühmesolithische Sozialorganisation der Mesolithischen Revolution möglich. Damit bieten sich gleichzeitig wichtige Aufschlüsse über den damaligen Prozess, die noch ganz andere Fakten und Daten als die archäologischen Befunde einbringen.

Ohne Zweifel entstand dieses Mythologem >Stamm< aus dem Sachverhalt, dass hier nun schon ein paar Generationen an Heiratspraxis existierte, woraus der Eindruck besonderer Verwandtschafts-Verhältnisse in seinen regionalen Sozialverhältnissen entstand. Doch kamen hier auch neue Anforderungen in seiner Sozialorganisation hinzu. Hier werden nun die >Stamm-Ahnen< zu dem Inbegriff der für die neue Sozialorganisation wichtigen >Autorität<, so etwa für seine Rechtssatzungen und die Befugnisse der neuartigen Stammes-Führer.

Die damit verbundene neuartige Form von Mythologie (>Sozial-Mythologie<) wurde aus dem Umbau der humanevolutionär entwickelten Sprache gewonnen. Von hier aus ergibt sich ein **direkter** *historischer* Zusammenhang zwischen der Stämme-Konzeption, der Mythologie der >Stamm-Ahnen< und der Auflösung der eiszeitlichen Sprache des Homo sapiens in die neuartige historische Sprach-Form aus Vokabular und Grammatik.

In der humanevolutionär entwickelten Sprache war die Mythologie als reine Sprachfunktion die Struktur, in der sie in ihren Motiven und Begriffen in Entsprechung der kindlichen Sprach- und Bewusstseins-Entwicklung angelegt war.

Mit der von der Mesolithischen Revolution geschaffenen historisch neuen Sprachform auf der Basis von Vokabular und Grammatik wurde diese Mythologie frei für ihren Gebrauch in den neuen Anforderungen in der Sozialorganisation. Die >Ur-Mutter< und der >Ur-Vater<, die ursprünglich reine Sprach-Figuren für die kindliche Bewusstseins-Entwicklung waren, verschmolzen mit erinnerten epipaläolithischen Clan-Ahnen zu den (wie >Adam & Eva<) nun auch ganz real vorgestellten >Stamm-Ahnen< als der Verkörperung der Stammes-Autorität, die für die neue Sozialorganisation unabdingbar wurde.

Positiv betrachtet ermöglichte diese neue Form der Sozial-Mythologie die notwendige geistige >Elastizität<, die es für die Organisation der neuen Sozialverhältnisse brauchte. Insofern blieb dieser Ansatz auch nicht in der frühmesolithischen Stämme-Konzeption stecken, als man damit im Nahen Osten in eine verfahrene Situation geriet. Man war mit ihr frei genug, die Stämme-Mythologie zu einer umfassenderen organisatorischen Konzeption umzubauen: zu dem mittelmesolithischen Völker-Rechts-Bund-Netzwerk, in dem die Megalith-Kultur ihren Ursprung hat und das auf dem Göbekli Tepe sein organisatorisches Zentrum fand. Dieser tendenziell weltweite mittelmesolithische Völker-Rechts-Bund war der grandiose Höhepunkt der zuerst rein nahöstlichen Verbreitung der Mesolithischen Revolution.

Paläolithische „Venus“-Figuren aus Sibirien (ca. 22.000 Jahre alt):

links eine von über 30 Figuren aus einer Siedlung bei Mal’ta, aus Elfenbein geschnitzt; rechts Fund am Baikalsee [33] (Nachzeichnungen)

Diese kleinen Objekte sind der Hintergrund der späteren Stamm-Plastiken in Holz oder in Stein wie bei Göbekli Tepe.

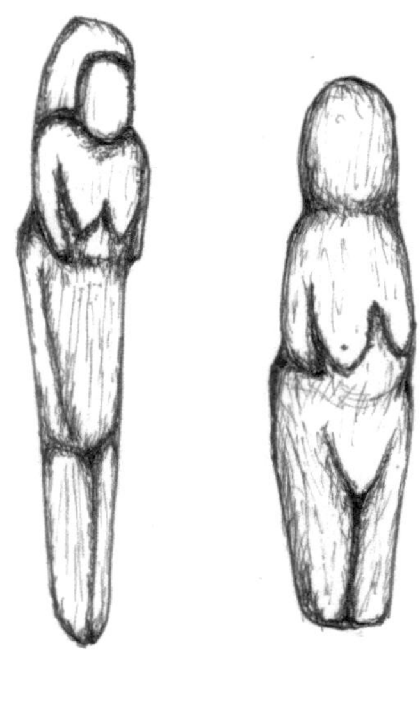

[33] Göran Burenhult: Illustrierte Geschichte der Menschheit I, S. 132 f.

3.3 Die neue historische Sprach-Anlage

„Die Feingliederung der Sprachen, mit der wir heute leben, geht in ihren Anfängen auf die Periode der letzten Eiszeit zurück (vor ca. 12.000 Jahren). [...] *Die formativen Prozesse aller bekannten Sprachfamilien* [!] *sind nicht älter als ca. 10.000 bis 12.000 Jahre.“* [34]

Dies entspricht in gewisser Weise meinen Einsichten, mit dem Zusatz, dass die historisch neuartige Sprach-Entwicklung m.E. ganz konkret in der etwas früher anzusetzenden Mesolithischen Revolution um 11.000 v. Chr. im Nahen Osten ihren *Ursprung* hat. Doch dauerte es in der Tat noch etwas, bis sich – zuerst wohl im Kontext des mittelmesolithischen Völker-Rechts-Bund-Netzwerkes (→ 4.2 ff.) – die historischen neuen Sprach-Ansätze verbreiteten und entwickelten, aus denen mit der Zeit die Sprachfamilien hervorgingen. Diese sich inzwischen darstellenden zeitlichen Zusammenhänge der Entstehung der Sprachfamilien erklären sich nicht mehr aus sich selbst heraus, weder durch die Evolution noch durch die Verbreitung des Menschen über die Welt.

Umgekehrt bietet sich inzwischen eine Menge an Anhalten bzgl. dieser am Ende der Eiszeit einsetzenden neuartigen Sprachentwicklung, u.a. an Vokabular und in Bezügen zwischen den Sprachfamilien. Dies wird in diesem Buch an einigen Stellen angesprochen, doch nur im Ansatz. Ein Mehr lässt sich hier bei dem gegebenen linguistischen Forschungsstand nur in eigener Literatur aufzuzeigen.

Günstig für uns ist, dass in Bezug auf unsere eigene Sprachtradition festzustellen ist, dass bestimmte spezifische Entwicklungen an grammatischen Formen wie insgesamt die Flexions-

[34] Harald Haarmann: Weltgeschichte der Sprache, S. 127

Sprache insbesondere mit dem Späten Mesolithikum im Nahen Osten in Verbindung zu bringen sind. Die verschiedenartigen Konzeptionen der Stammformen-Systeme (wie u.a. *schwimmen – schwamm – geschwommen*) bieten hier recht sicherere Anhalte (s. dazu → 5.2.1 + 5.4.1).

In meiner diesbezüglichen Forschung [35] kristallisierte sich heraus, dass mit der Entwicklung der neuen Sozialorganisation, die zu der Konzeption >Stamm< führte, auch eine neue Sprach-Entwicklung aufkam, die überhaupt erst diese neue Sozialorganisation und dann auch die weitere Fortschritts-Entwicklung ermöglichte. Umgekehrt brauchte die neue Sozialorganisation auch eine neuartige Sprach-Anlage. So wirkten beide Faktoren wechselseitig auf einander zu einem Umbau der ursprünglichen Kultur-, Sozial- und Sprach-Anlage des Homo sapiens, auch wenn vieles in Mythologie und Vokabular auf der humanevolutionär entwickelten Sprache aufbaute und diese fortsetzte.

So schuf die Mesolithische Revolution nicht nur die Grundlagen für die neue Sozialanlage, die erst die weitere historische Sozial-Entwicklung möglich machte, sondern auch die Grundlage für die neue historische Sprach-Anlage, die diese Sozialprozesse in Denken und Kommunikation erbrachte. Dieses war alles andere als selbstverständlich und als ein natürlicher Prozess, sondern mit äußerst großen Komplikationen verbunden, die wohl zunächst ins Desaster führten. Insofern ist es als eine großartige Leistung der Mesolithischen Revolution einzuschätzen, das Desaster verhindert, und dann, diese Krise auch noch in eine Entwicklung von Fortschritt verwandelt zu haben.

Denn es wird deutlich, dass diese Entwicklungen von der humanevolutionär entwickelten ursprünglichen Kultur und Sprache des Homo sapiens (= **HS**) *in dieser Form* gar keine Möglichkeit gewesen wären, weil in ihr Vokabular, Mythologie, Kultur, Recht und Soziales absolut aufeinander abgestimmt waren.

---

[35] Cûl Tura – Zur ursprünglichen Sprache des Homo sapiens

In der humanevolutionär entwickelten Sprache HS steckte schon in der – auf die Bewusstseins-Entwicklung der Kinder abgestellten – Technik an Wortbildungen eine kulturelle Konzeption incl. >Utopie< (>Mythologie<). Die humanevolutionäre Entwicklung war in der Tat darauf hinausgelaufen, dass ihre Sprache in ihrer Anlage und ihren Wörtern und Begrifflichkeiten selbst schon die Kultur-Verfassung war, was bei uns noch an dem etymologischen Zusammenhang von *Wort* = dänisch *ord* und lat. *ordo* – deutsch *Ordnung* analog zu *logos* (Wort, Sprache) – *lex* (Gesetz) – *Logik* ersichtlich wird.

Die humanevolutionär entwickelte Sprache war gleichzeitig auch das menschliche >Gesetz< und seine (Kultur-) Verfassung und hierbei so als Bestandteil der kindlichen Sozialisation in Didaktik, Moral und Vokabular aufgebaut, dass man mit ihrer Kenntnis als Erwachsener seine Sozialverhältnisse auf der Basis von Kommunikation steuern konnte. Dazu brauchte es nicht nur Vokabeln wie >Gerechtigkeit<, sondern auch ihrer so klaren Bestimmung, dass ein *Gespräch* über empfundene Ungerechtigkeiten sozial befriedigende Lösungen erbringen konnte. Schließlich hatte man hier noch kein Rechtswesen und noch keinen Justizapparat, der die entstandenen Ungerechtigkeiten als >Recht< und also als >gerecht< erklären konnte (dies begann erst mit der Mesolithischen Revolution). Insofern waren die vorausgehenden Sozialverbände auf gemeinschaftliche Klärungen angewiesen. Anders wäre es humanevolutionär auch nie zu der Entwicklung von Kultur gekommen.

Dies alles bedeutete freilich auch, dass man in seiner Sprache an die humanevolutionär entwickelte Lebensform gebunden blieb. Darin lag ursprünglich auch die großartige Leistung der humanevolutionären Entwicklung, die unserer Art Homo sapiens über Zehntausende von Jahren bei all den äußeren Veränderungen eine dauerhafte soziale Stabilität zu bieten vermochte. Diese großartige Leistung war auch in der Sozialisation nicht allein im Nebenbei zu haben. Für die Schulung des erst eigentlichen Erwerbs der Verhaltenssteuerung und der Beherrschung von Sprache, Kommunikation und Kultur wurde in der humanevolutionären Entwicklung der Komplex der >Jugend-Initiation< eingerichtet. Er lässt sich in Teilen mit einem Studium von Psychologie und Jura vergleichen, in anderen Teilen auch mit einem Interaktions- und Bewusstseins-Training u.a. in Form von Selbsterfahrung und von Trance, nichtsprachlicher Meditation in der Art von Zen usw.

Bei dieser hochgradigen Abstimmung der Sprach-Anlage in Didaktik, Moral, Rechts-Setzungen, Kultur-Auffassung, Verhaltens-Steuerung und Lebensstil bis in die Begriffsbestimmungen und Wortbildungen hinein war jedoch so einfach gar kein Abgang von dieser Sprach-, Kultur- und Sozial-Anlage möglich oder überhaupt wünschenswert, besser gesagt: unter *normalen* Umständen überhaupt keine Möglichkeit. Sehr wohl wäre auf dieser Grundlage Fortschritt möglich gewesen, doch ausschließlich auf der Basis gemeinschaftlicher Kommunikation. Dies hat es in Ansätzen wieder und wieder schon in der Eiszeit gegeben. Doch blieben die Sozialverbände zu klein und die Netzwerk-Kontexte zu frei, um hierbei den heutigen historischen Fortschritt zu erreichen, der allerdings von Anfang an nicht ohne bedeutsame Probleme war (s.u.).

Es war – in gewisser Weise - nicht die Anfänglichkeit von Kultur- und Lebenserfahrung, die die Kultur des Homo sapiens über Zehntausende von Jahren in ihrer Form hielt, nicht die Ahnungslosigkeit bzgl. der Fortpflanzung von Mensch, Tier und Pflanzen, sondern ihre ausdrückliche Absicht und Kulturverfassung, wie sie – mit durchaus guten Gründen - in einigen Alten Kulturen und in modifizierter Form bei den Aborigines (→ 4.2.1) heute noch zum Ausdruck kommt: weil diese Lebensform unter den konkret bestehenden Gegebenheiten nach den jeweiligen Erfahrungen schlichtweg das *reale* Optimum war.

Das bestätigt sich auch von den historischen Prozessen am Ende der Eiszeit her. Denn diese bedeuteten menschlich und sozial keine Verbesserungen, sondern Verschärfungen. Sie entstanden als Reaktion auf die von den gigantischen Naturkatastrophen aufgeworfenen Notstandsprobleme. Die tatsächlichen Optimierungen ergaben sich erst erhebliche Zeit später aufgrund neuer Bedingungen und der inzwischen entstandenen Erfahrungen.

Wir werden im Folgenden noch weitere Hinweise sehen, die auf diese Zusammenhänge deuten und durchaus vehement gegen die Vorstellung sprechen, die am Ende der Eiszeit aufkommende nahöstliche Entwicklung erklärte sich in dem alten Sinn aus neuen Erkenntnissen bzgl. der Fortpflanzung und aus besonders fruchtbaren Verhältnissen. Das rückt vielmehr in die Nähe von >Ammenmärchen< (Harari).

Das Gegenteil stellt sich dar. Die neuen Entwicklungen erklären sich aus den Notstandsproblemen und aus Verlust an Kultur aufgrund der gigantischen Naturkatastrophen am Ende der Eiszeit. Die neuen Sozial- und Sprach-Entwicklungen haben den Hintergrund, dass hier die alten Sozial- und Lebensformen aus dem Gefüge geraten waren und nicht mehr in den alten Formen funktionierten.

Ein sehr zentraler Hinweis für diesen Umbau auch in der Sprache bietet sich mit der neuen Stämme-Mythologie. Denn hier erhält die >Mythologie< eine *substanziell* neue Funktion. Ursprachlich HS ist die Mythologie eine reine Sprachfunktion, da die ursprüngliche Sprache HS in Bildern und Geschichten angelegt war. Die >Wortformen< hatten hier lediglich die Funktion, diese Bilder und Geschichten zwecks Selbststeuerung und Kommunikation *denken* und *artikulieren* zu können. Die >Wörter< für sich allein sind dafür entscheidend zu unkomplex. Es zeigt sich bzgl. der ursprünglichen Sprache HS auch, dass die Wörter Ableitungen aus den Bildern und Geschichten sind, nicht umgekehrt (wie noch ganz am Anfang der humanevolutionären Entwicklung).

Am Ende des Paläolithikums fallen jedoch die sprachliche Oberflächen-Struktur (Chomsky) und die Mythologie als das semantisch-kulturelle Innere von Sprache auseinander. Die Mesolithische Revolution nutzt dies, um die Mythologie nunmehr für ihre Sozialorganisation einzusetzen. Mit der Abspaltung der Mythologie als dem ursprünglich tragenden Bestandteil von Kultur und Sprache ist die Mythologie nicht mehr an die Sprache, Kultur und Realität gebunden und steht damit für ihren Einsatz in der neuen Sozialorganisation ganz nach Bedarf frei.

Umgekehrt wird mit dieser Trennung auch die Sprache frei. Erst mit dieser Abspaltung von der Mythologie am Ende der Eiszeit entsteht die historisch neuartige Auffassung von Sprache als bloßem Sachverhalt von Vokabular und Grammatik, und es ist in der Tat diese neue Sprach-Anlage, die überhaupt erst die Entwicklung des historischen Fortschritts ermöglichte. Hier steht nun das Vokabular für sich selbst, das nun semantisch frei gefüllt oder nach Bedarf erweitert werden kann. Es ist nicht mehr handfest in die kulturelle Anlage eingebunden und eindeutig definiert. Nun kann sich jeder selbst etwas unter >Gerechtigkeit< und unter >Liebe< usw. ausdenken. Dieser Sachverhalt belegt sich in den unterschiedlichen Bedeutungs-Entwicklungen der Wörter und Symbole in den verschiedenen Kulturen (wie z.B. >Drache<).

Mit der Entkopplung von Sprache und Mythologie erhalten beide Formen eine neuartige Freiheit, die als Prämisse für die historische Entwicklung einzuschätzen ist. Die Mythologie, die paläolithisch an die humanevolutionär entwickelte Kultur band, konnte nun zu einer Steuerungs-Technik der neuen Sozialorganisation verwendet werden. Die mesolithische Stämme-Mythologie ist bereits als Ausdruck dessen zu sehen. Mit der sozialen Mythologie war der soziokulturellen Fantasie letztlich keine Grenze mehr gesetzt, und dies ermöglichte die Freiheit zu Entwicklungen an Fortschritt. Doch begründete dies auch Fantasmata und Manipulation, so etwa in den Geister-Kulten, die bald als Hilfsmaßnahmen aufkamen, wo das soziale Gefüge aus dem Ruder zu laufen drohte. Dies ist insgesamt etwa auf die Stufe 3 des Mittleren Mesolithikums anzusetzen und war zuletzt der Hintergrund für das Aufkommen der Neolithischen Revolution.

Felszeichnung Tansania, etwa >Ende der Eiszeit<. Ein Musik-Terzett: „Der mittleren Gestalt strömen Töne aus dem Mund, während die Gestalt rechts in die Hände klatscht.“ Die Darstellung links wird in der Art von Kastagnetten interpretiert.

Text und Nachzeichnung nach: Emmanuel Anati: Höhlenmalerei, S. 200

4 Zu der historischen Gestalt der Mesolithischen Revolution

Wohl ist der Anfang der Mesolithischen Revolution als Umschlag vom (Epi-) Paläolithikum auf das - Frühe - Mesolithikum als verhältnismäßig plötzlich einzuschätzen. Doch kann in diesem zuerst nur kleinregional nahöstlichen Phänomen noch nicht das Eigentliche der Mesolithischen Revolution gesehen werden, das menschheitsgeschichtlich wirkmächtig wurde. Der Umschlag vom (Epi-) Paläolithikum auf das Frühe Mesolithikum war nur ihr Anfang. Doch so richtig entfaltete sich die Mesolithische Revolution erst mit ihrer Verbreitung.

In irgendeiner Form ist dieser Prozess zunächst mit der Jüngeren Dryaszeit: dem harten Rückschlag einer überaus plötzlichen neuen Kältephase am Ende der Eiszeit in Verbindung zu bringen. Doch wie, ist bislang nicht genauer abzuklären. Es ist bei dem Stand der Dinge möglich, dass die Mesolithische Revolution erst infolge der Jüngeren Dryaszeit aufkommt, doch ebenso, dass sie schon früher aufkam und die Jüngere Dryaszeit ihre erste Krise mit einem baldigen Ende ihrer ersten Phase - dem Frühen Mesolithikum - bedeutete. Ich setze die Mesolithische Revolution in mittleren Werten mit ihrem Umschlag vom Paläolithikum auf das Frühe Mesolithikum grob auf 11.000 v. Chr. an und den Beginn ihrer zweiten Form - das Mittlere Mesolithikum mit dem Stämme-Rechts-Bund - grob auf 10.500 v. Chr. an. Doch sind dies bislang nur recht grobe Schätzungen für einen zeitlichen Anhalt, um hier nicht zu abstrakt zu bleiben.

Ihren eigentlichen Höhepunkt erreichte die Mesolithische Revolution in ihrer zweiten Phase in der veränderten Konzeption des mittelmesolithischen Stämme- oder Völker-Rechts-Bundes, in der sie sich über die Welt ausbreitete, und zuletzt noch zugespitzt mit dem Späten Mesolithikum in ihrem Zentrum Göbekli Tepe, wo sie in Organisation und Nahrungsproduktion die Grundlagen der zivilisatorische Entwicklung begründete.

Insofern ist die Mesolithische Revolution gleichermaßen auch als Prozess zu begreifen, der im Verlauf des Mesolithikums eine Entwicklung durchmachte, bis sie im Späten Mesolithikum im Nahen Osten an ihre Grenze stieß. Aus den Folgen des Zerfalls ihrer Organisation, der wohl in Teilen auch mit Kämpfen verbunden war, entstand die Neolithische Revolution mit einer vollkommen neuartigen Weltanschauung, Kulturauffassung und organisatorischen Konzeption, die die mesolithische Entwicklung auf einer anderen Basis weiter zu führen vermochte.

Mesolithikum, Spanische Levante (Nachzeichnung nach Anati: S. 292)

Ein Überblick

Hier soll nun zuerst ein Überblick über den sich darstellenden Prozess der Mesolithischen Revolution geboten werden, bevor dann im Weiteren die einzelnen Etappen in ihren Gegebenheiten und Anhalten gezeigt werden.

Das **Frühe Mesolithikum** ist hier als die Stufe einzuschätzen (und zu *definieren*), in der sich der zuerst nur kleinregionale Durchbruch der Mesolithischen Revolution über den Nahen Osten und allenfalls angrenzend darüber hinaus verbreitete. In dieser Entwicklung entstanden zuletzt Disflikt-Probleme, die einen grundlegenden Umbau in der bisherigen Konzeption und Organisation notwendig machten.

Ihr Resultat ist das **Mittlere Mesolithikum** mit der Begründung des Stämme- oder Völker-Rechts-Bundes, der vermutlich von Anfang an auf dem Göbekli Tepe (Türkei – Grenze Syrien) sein organisatorisches (Haupt-) Zentrum einrichtete. In diesem Völker-Rechts-Bund als Zusammenschluss der ersten nahöstlichen Stämme und der weiteren Verbände verbreitete sich die Mesolithische Revolution mit ihrer Megalith-Symbolik und Stämme-Konzeption über die Welt.

Das **Späte Mesolithikum**, das wiederum zuerst im Nahen Osten aufkommt, ist bereits das Produkt dessen, dass die mittelmesolithische Organisation des Völker-Rechts-Bundes angesichts der immer noch weitergehenden Naturumbrüche nicht mehr zureichte. Im Süden des Nahen Ostens kommt es von daher in den notwendig gewordenen Eigeninitiativen zu der Ahnen-Kult-Kultur, deren Ansatz aufgrund entsprechender Probleme ebenfalls eine historische Wirkung und Verbreitung fand (→ 4.3.1 f.).

Der Bau der mächtigen Anlage auf dem Göbekli Tepe hat in dieser Krise den Hintergrund, eine verstärkte organisatorische

Struktur zu entwickeln. Die hier zunächst erfolgenden Aktivitäten sind der endgültige Gipfel der Mesolithischen Revolution, aber auch ihre effektive Grenze (→ 5.4). Der Niedergang ihrer Organisation setzt im Nahen Osten um 8.800 v. Chr. ein, und zuletzt wird sie zugunsten der neolithischen Konzeption aufgegeben.

Doch zunächst bedeutet die spätmesolithische Organisation von Göbekli Tepe die Ausbildung einer historisch entscheidenden Etappe. Denn hier liegen wichtige Entwicklungen in der Nahrungsproduktion wie etwa die Züchtung von Getreide und auch in der Infrastruktur, was mit einem entsprechenden Wachstum der Ortschaften und der dortigen Bevölkerungsdichte insgesamt verbunden war. Mit dieser Organisation entwickelt der Bund von Göbekli Tepe die Grundlagen der historischen und der zivilisatorischen Entwicklung, wie soweit auch die Grundlagen der Neolithischen Revolution.

Doch kommt diese Organisation von Göbekli Tepe im Verlauf des Späten Mesolithikums an die Grenzen ihrer Möglichkeiten. Sie kam hinter den entstandenen Entwicklungen nicht hinterher, und offenbar entstanden auch grundlegende Kontroversen über ihren Fortgang. Wohl blieb Göbekli Tepe noch eine Zeit bestehen, aber ab etwa 8.000 v. Chr. nur noch als kleinregionale Organisation. Die schon ab etwa 8.800 v. Chr. wohl selbst im Nahen Osten nur noch einen Teil umfassende Organisation von Göbekli Tepe scheint sich um 8.000 v. Chr. im Bruch zwischen dem Norden und dem Süden des Nahen Ostens aufgelöst zu haben (→ S. 143).

So geriet der Nahe Osten verbreitet in eine organisatorische und kulturell-weltanschauliche Krise, die in Teilen wohl auch mit Kämpfen verbunden waren. Von dort her – und nicht von der Nahrungsproduktion – kam es dann zu der Neolithischen Revolution, die sich in den Chaos-Problemen ihrer Zeit als eine Art religiöse Erweckungs-Bewegung erklärt. Es ist auch gar nicht die Nahrungsproduktion, die den Erfolg der Neolithischen Revolution begründet, sondern der neuartige (Ackerbau=) **Kult** (lat. *colo* >pflegen, anbeten, Ackerbau treiben<)

um die in dieser Form neue *Kultfigur* >Mutter Erde< (*Ma Ga, KiMera, KiBele* usw.), der **trotz** der häufigen **Verschlechterungen** in der Ernährung u.a. aus weltanschaulich-organisatorischen Gründen den großen Erfolg erreicht (z.B. mit der Vorstellung der >Wiedergeburt<, die für den gemeinhin deutlich früheren Tod entschädigt). Dieser Hintergrund der Neolithischen Revolution erklärt sich *ausschließlich* aus den *nahöstlichen* Voraussetzungen samt der zuletzt entstandenen *Krise* der mesolithischen Ansätze im Nahen Osten, wofür sich auch etliche sprachliche Anhalte bieten.

Dass die Neolithische Revolution eine so schnelle und weite Verbreitung fand, hat seine Gründe in den bereits von der Mesolithischen Revolution geschaffenen Netzwerk-Strukturen sowie dadurch, dass auch hinter dieser neuen Entwicklung ein mächtiger Handlungsdruck stand, der aber jetzt in guten Teilen selbst produziert war: nämlich in der aus weltanschaulichen Gründen (Ahnen-Toten-Kult, neolithischer Fruchtbarkeits-Kult s.u.) hervorgerufenen Bevölkerungs*explosion*.

Wenn auch die Neolithische Revolution eine neuartige organisatorische und kulturell-weltanschauliche Basis schuf, die sehr wohl als >revolutionär< neuartig einzuschätzen ist und auch eine neue Epoche begründete, so ist sie auch als eine – wenn auch eigenständige – Verlängerung der Mesolithischen Revolution zu sehen, wie letztlich auch die bisherige historische Entwicklung insgesamt.

Es bestehen hier sehr bestimmte wirkmächtige Kontinuitäten, die es zu verstehen gilt, wenn man über die unzureichenden Grundlagen der von der Mesolithischen Revolution begründeten historischen Entwicklung hinauskommen will, die schon im Frühen Mesolithikum erstmalig ins Desaster führten, wie jetzt gezeigt werden soll.

4.1 Das Frühe Mesolithikum

Das Frühe Mesolithikum entsteht als Produkt der Mesolithischen Revolution im Umschlag von der bisherigen humanevolutionär entwickelten Kultur und Sprache zu dem hier nun einsetzenden Prozess der historischen Entwicklung. Dieser Prozess erklärt sich aus dem >mesolithischen Paket< einer neuartigen Kulturauffassung, einer neuartigen Sprach-Anlage auf der reinen Basis von Vokabular und Grammatik und einer neuartigen organisatorischen Anlage.

Die Mesolithische Revolution stellt sich bei allen konkreten Unklarheiten doch zuerst als ein begrenztes regionales Phänomen dar. Das Frühe Mesolithikum ist hier vor allem als die Phase zu sehen, wo sich die Mesolithische Revolution über den Nahen Osten verbreitet, evtl. mit Ausläufern in den angrenzenden Bereich.

Was sich demgegenüber bis auf etwaige Ausnahmen in der anliegenden Umgebung *nicht* darstellt, ist jedoch, dass sich die Stämme-Konzeption als der ersten organisatorischen Form der Mesolithischen Revolution als solche über die Welt verbreitete. Die Verbreitung der Stämme-Konzeption erfolgt offenbar erst als *Bestandteil* des mittelmesolithischen Stämme- oder Völker-Rechts-Bundes.

Auch wenn die Stämme-Konzeption ursprünglich wohl *nicht* als Bündnis gegen andere Gruppierungen entwickelt worden ist – was mir von dem weiteren historischen Prozesscharakter wahrscheinlich erscheint -, so zeigt sich doch, dass sie überaus schnell als Machtfaktor wahrgenommen wurde und eine entsprechende Reaktion fand. Angesichts dessen würde sich die Verbreitung der Stämme-Konzeption über die Welt als Domino-Effekt in der Konkurrenz um Macht und Ressourcen erklären. Doch dafür bieten sich jenseits des nahöstlichen Frühmesolithikums keine wirklichen Hinweise, und ein solcher Prozess passt nicht in das sich derzeit darstellende Bild der weiteren kulturellen Zusammenhänge des *Mittleren* Mesolithikums. Es ist insofern weit wahrscheinlicher, dass sich die frühmesolithische Konzeption >Stamm< als eine organisatorische Einheit im Rahmen des mittelmesolithischen Stämme-Rechts-Bundes über die Welt verbreitet hat und sich dann in überaus verschiedenen Größenordnungen nach dem Zerfall des Völker-Rechts-Bundes ab dem Späten Mesolithikum verselbständigte.

Auch die Entwicklung der Sprachfamilien erklärt sich zuerst als Verbreitung der neuen Sprachkonzeption der Mesolithischen Revolution über den mittelmesolithischen Stämme-Rechts-Bund wie dann in ihren spezifischen Ausprägungen im Zerfall der tendenziell weltweiten Netzwerk-Organisation.

Mit diesem Zerfall mussten die jeweiligen Teil-Organisationen, sei es in Großräumen oder in recht kleinen Zusammenhängen, auf eigene Faust handeln. Wohl mag von der ursprünglichen *spezifischen* Sprach- und organisatorischen Verwandtschaft auf die Dauer wenig übrig bleiben, wie etwa in der afrikanischen Sprachfamilie >Niger-Kongo<. Doch ohne eine *frühgeschichtliche* Phase eines gemeinsamen Verbundes bestünde erst gar kein Ansatz einer sprachlichen Verwandtschaft. Die Stämme-Entwicklung als solche ist immer sehr bald von Konkurrenz-Kämpfen und Abgrenzung gekennzeichnet, die bis in die Sprache hinein wirksam wird, so dass auf der frühen Stufe wie z.B. in Papua-Neuguinea Tausende verschiedenartiger Sprachen aufkommen, die keinerlei Verwandtschaftsbezüge *mehr* erkennen lassen. Nur Bündnisse und Eroberungen, die andersartige Identitäten und Sprachen auslöschten, erbrachten in solchen Fällen später wieder neue historische Größenordnungen.

Insofern stellt sich im Nahen Osten im Frühen Mesolithikum eine durchaus außergewöhnliche Situation dar, die hier von wichtigem Aufschluss ist. In deutlich späterer Zeit gibt es wohl ähnliche Prozesse, aber diese haben schon ganz andere Voraussetzungen wie auch andere Folgen.

Wie schon erwähnt, so besteht hier das Problem, dass die genauen Anfänge dieser Entwicklung bislang nicht wirklich auszumachen sind. Was die Entstehung der Stämme-Konzeption angeht, wäre es durchaus denkbar, dass sie von vorne herein aus einer Weiterentwicklung von Bündnissen etwa in einer festen Etablierung einer Heiratspolitik entstanden ist.

Doch scheint mir dieser Gang inzwischen nicht mehr so wahrscheinlich. Wahrscheinlicher ist sie aus einer internen Entwicklung entstanden, um knapp gewordene Ressourcen zu organisieren und also eigentlich, um Kämpfe und Disflikte zu vermeiden. Dennoch entsteht in dieser Situation knapper Ressourcen eine Organisation, die von anderen als Machtfaktor und als Bedrohung seiner Ressourcen wahrgenommen wurde.

Was sich nun von den ganzen greifbaren Fakten und weiteren Prozessen her darstellt, ist, dass sich nördlich und südlich von Göbekli Tepe zwei Parteiungen in der Konkurrenz um dieses Gebiet ausbildeten. Gerade weil der Raum Göbekli Tepe die *beste* Gegend im Nahen Osten war – die zum ausgedehnten Zentrum des >Fruchtbaren Halbmondes< als dem insgesamt relativ schmalen Streifen zwischen der Wüste und den Gebirgen bzw. den Meeren gehört –, genau deswegen wurde er in dem entstandenen Ressourcen-Problem am Ende der Eiszeit zum Streitfall. Angesichts der neuen *organisatorischen* Entwicklung konnte sich keine der beiden Seiten leisten, dieses Gebiet an die andere Seite zu verlieren. So versuchten beide Seiten, mit einem Anschluss an ihren >Stamm< immer weitergehender in ihrem jeweiligen Hinterland Unterstützung für seine Ansprüche auf dieses Gebiet zu organisieren.

Dabei erklärt sich diese Geschichte gerade nicht daraus, dass hier zwei von außen kommende Blöcke im Raum Göbekli Tepe aufeinander gestoßen wären und dort ihre Grenze gebildet hätten. Sie erklärt sich vielmehr als ein ursprüngliches Verwandtschafts-Verhältnis mit einem gemeinsamen Ursprung, z.B. in der Natuf-Kultur.

Es ist hier durchaus möglich, dass dieses Disflikt-Problem innerhalb der frühmesolithischen Organisation namens >Stamm< entstanden ist, also nicht zwischen zwei >Stämmen<, sondern zwischen zwei Parteiungen innerhalb der ersten Konzeption >Stamm< in der Mesolithischen Revolution. Es ist gar möglich, dass dieser Disflikt innerhalb eines Clan-Verbandes hierbei entstanden wäre, nur dass die eine Seite besondere Verwandtschaftsbezüge in Richtung Norden und die andere in Richtung Süden gehabt hätte.

In gewisser Weise scheint sich der ursprünglich alleinige >Stamm< hier in zwei >Stämme (-Teile)< gespalten zu haben, die mit dem Mittleren Mesolithikum wieder eine neue Verbindung eingehen. Von hierher könnte sich das merkwürdige ethnische Phänomen der weit verbreiteten >**Moiety**< erklären, wo sich jeweils zwei Stämme in einem besonderen Verwandtschafts-Verhältnis sehen, innerhalb dessen auch gegenseitig geheiratet wird (s. mehr z.B. in *Wikipedia: Moiety* [(07.01.21, 23:52]).

Diese Zweiheit von Stämmen ist im allgemeinen Bestand nicht besonders logisch. Doch scheint genau dies das Ursprungsszenario dieser Entwicklung im Nahen Osten zu spiegeln, und es könnte auch von dort her seine besondere Verbreitung gefunden haben (dann freilich ebenso erst als Bestandteil des mittelmesolithischen Völker-Rechts-Bundes). Die zentralen anthropomorphen Pfeiler-Paare von Göbekli Tepe mit ihrem jeweils gemeinsamen Motiv deuten auf diese Moiety-Konzeption – sie sind hier ganz offenkundig nicht geschlechtlich (in der Art von >Adam & Eva<) gedacht.

Auf jeden Fall hat dieser Disflikt keinen „rassischen“ Hintergrund, sondern schlichtweg den, dass die Naturumbrüche am Ende der Eiszeit im Süden des Nahen Ostens (südwärts von Göbekli Tepe) und im Norden („nordwärts“ von Göbekli Tepe samt Anatolien und die östlichen Richtungen) entscheidend unterschiedliche Auswirkungen hatten. Im Einzelnen waren die damaligen Natur-Gegebenheiten in den damaligen Wechseln durchaus unterschiedlich. Doch in der Gesamttendenz lag die Situation so, dass der Süden angesichts der Wüsten-Verhältnisse direkt von Problemen der Naturumbrüche betroffen war, der Norden hingegen durch entsprechende Zuwanderungen vom Süden her. Mit dem Späten Mesolithikum kommt noch hinzu, dass diese unterschiedlichen Gegebenheiten auch in der kulturellen Entwicklung zu Buche schlugen (im Süden mit der Ahnen-Kult-Kultur → 5.2), sodass sich die praktischen Konflikte durch die entstehenden kulturellen Gegensätze erst recht verschärften. Sehr deutliche Hinweise dafür finden sich in der sprachgeschichtlichen Entwicklung, nämlich insbesondere in der Spaltung zu einerseits Indogermanisch und andererseits zu Semitisch/Afroasiatisch (s.u.).

Beide Sachverhalte: die Verwandtschaft und der Gegensatz in den Gegebenheiten begründen hier nun eine recht wechselhafte Geschichte. Einerseits ist diese von einem hohen Maß an Willen zu Verständigung, zu Kompromissen und Ausgleich bestimmt – die Anlage von Göbekli Tepe hat dies als Hintergrund. Doch entstehen hier angesichts der gigantischen Naturumbrüche immer wieder Situationen, wo zumindest für Teile der Parteiungen die Grenze an Kompromissen erreicht ist, und dies soweit auch durchaus mit Recht. Gerade wenn sämtliche Kompromisse akzeptiert worden wären, wäre der Nahe Osten vielleicht in einer Situation wie auf Papua Neuguinea geendet.

Zunächst aber scheint die Entwicklung im Frühen Mesolithikum in die Situation geraten zu sein, dass die beiden >Parteiungen< nördlich und südlich von Göbekli Tepe in dem Disflikt auf die Ansprüche dieses Gebiet immer mehr in ein Konkurrenz-Verhältnis gerieten. Beide Seiten scheinen immer mehr in ihrem jeweiligen Hinterland Bündnisse gesucht zu haben, mit Sicherheit durch Heiratspolitik, vielleicht auch in Form eines Anschlusses an seinen hier nunmehr jeweiligen >Stamm<. Offenbar hat man damals vor allem durch Bündnis- und Mehrheits-Bildung und nicht durch Kämpfe die Entscheidung gesucht. Bei dieser organisatorischen Entwicklung scheint ein direkter Kampf keine Perspektive mehr geboten zu haben.

Ich sehe in dieser Bündnis-Bildung den historischen Hintergrund für das spätere Indogermanisch und das spätere Semitisch/Afroasiatische.* Dass es im Nahen Osten und weit über den Nahen Osten hinaus zu diesen beiden besonderen sprachlichen Blockbildungen kam, stellt sich mir – und zwar *ausschließlich* – von dieser *frühmesolithischen* Entwicklung her dar. Die nachfolgenden Stämme-Bildungen wie selbst die der Sumerer konnten angesichts dessen diese Größenordnungen nicht mehr erreichen, was den Sumerern sprachlich-kulturell zum Schicksal wurde (sie gingen in das Semitische ein). Dabei entsprächen die heutigen Grenzen zwischen dem Indogermanischen und dem Semitischen in etwa recht genau der am Ende des Frühen Mesolithikums entstandenen Frontlinie (sieht man von den erst im Mittelalter dort eingewanderten Türken ab).

Die Spaltung der bis in das Späte Mesolithikum gemeinsamen Sprache in das spätere Indogermanische und das spätere Semitisch/Afroasiatische wäre dann mit dem Ende von Göbekli Tepe als übergreifender Organisation um 8000 v. Chr. und dem nachfolgenden Durchschlag der Neolithischen Revolution zu verbinden. Ein wichtiger Anhalt für diesen Prozess verknüpft sich mit den Hintergründen der Entwicklung der Stammformen-Systeme (wie *schwimmen – schwamm – geschwommen*) → 5.4.1.

Doch schon am Ende des Frühen Mesolithikums war man mit dieser zweiseitigen Blockbildung in ein Patt geraten. Keine Seite konnte die Situation zu ihren Gunsten entscheiden. Doch spitzte sich die Ressourcen-Lage inzwischen so zu, dann man sich dieses Patt nicht länger erlauben konnte.

Hier war es vermutlich der Einfluss aus dem Hinterland, den man für sich gewinnen wollte, der darauf verwies, dass dieses

---

* Diese Bezeichnung ist insofern nicht ganz korrekt, da in der heutigen Terminologie >Afroasiatisch< das Semitische umfasst. Doch wird die Bezeichnung >Afroasiatisch< als Fachbegriff kaum allgemeiner bekannt sein. Ich nehme hier auch >Semitisch< in der Einschätzung auf, dass das Afroasiatische aus dem heute semitischen Sprachraum stammt, wenngleich ich das Semitische als eine spätere nahöstliche Weiterbildung in Verbindung mit der altorientalischen Entwicklung sehe. S. dazu etwa auch → 4.2.2.2.2

Gegeneinander keine Perspektive hatte, und der den entscheidenden Perspektiv-Wechsel ins Gespräch brachte und dann auch organisierte. Im Rückgriff auf die ursprüngliche Stämme-Konzeption sollte die Spaltung nun durch einen übergreifenden Stämme- oder Völker-Rechts-Bund überwunden werden.

Göbekli Tepe stellt sich *insofern* im Besonderen als Gemeinschafts-Projekt des späteren Indogermanisch und Semitisch-Afroasiatischen dar, ohne schon zu dieser Zeit das Profil der späteren Blöcke zu haben. Sprachlich-kulturell gab es in dieser Phase diese Unterschiede noch nicht, und der Hintergrund des mittelmesolithischen Völker-Rechts-Bundes bestand gerade darin, besondere Partei-Bildungen zu überwinden. Auch für ein Gegenüber zum Sumerischen gibt es insofern keinen Anhalt (scheint auch die weitere Sprachausprägung damals *zuerst* von der Technik der *Agglutination* geprägt gewesen zu sein, was gerade von Göbekli Tepe stammen könnte, vgl. hier insbesondere das >Eurasiatische< in den heute uralischen und altaischen Sprachen).

So hob sich die im Frühen Mesolithikum entstandene Blockbildung wieder für ein bis zwei Jahrtausende auf. Doch gänzlich scheint dieser Konflikt nie vergessen worden zu sein. Schon am Ende des Mittleren Mesolithikums scheint er wieder aufgebrochen zu sein und dann nach einem weiteren Jahrtausend Gemeinschaft definitiver um 8000 v. Chr.

Doch zunächst einmal wird der am Ende des Frühen Mesolithikums entstandene Konflikt in einen neuartigen organisatorischen Höhepunkt transformiert.

4.2 Das Mittlere Mesolithikum

Angesichts der Erfahrung im Frühen Mesolithikum, mit der organisatorisch zu beschränkten Form des Stamms *prinzipiell* in die Gefahr von Disflikt-Eskalationen zu geraten, kam man auf den Gedanken, dann eben eine allgemeine organisatorische Struktur zu entwickeln, um Disflikte um Ressourcen oder gar einen allgemeinen ökologischen Ruin durch eine Übernutzung der Ressourcen in Disflikten zu vermeiden. Offenbar wurde auch dieses ökologische Problem bedacht, dürfte das besondere Arten-Sterben dieser Zeit mit diesem *speziellen* Problem in Verbindung gestanden haben. Wenn schon Kämpfe um die begrenzten Ressourcen entstanden, dann werden diese Kämpfe das Ressourcen-Problem noch deutlich verschärft haben, wenn man es nicht gar in seine Kämpfe einbezog, wie es von der Strategie der >verbrannten Erde< bekannt ist (bei der man die für den Gegner nutzbaren Ressourcen vernichtet).

Der Gedanke an solch einen weltweit vorgestellten Völker-Rechts-Bund, der eine faire und ökologisch taugliche Verteilung der Ressourcen gewährleisten sollte, scheint kühn. Doch er hatte bereits eine – freilich lockere – Basis in älteren Netzwerk-Formen und nun auch mit der Verständigung der beiden Parteiungen nördlich und südlich von Göbekli Tepe eine schon entwickeltere organisatorische Struktur im Nahen Osten.

Es war nicht von vorne herein entscheidend, ob sich jede Gegend auf der Welt diesem Völker-Rechts-Bund anschließen würde. Entscheidend war zunächst einmal, die Situation im Nahen Osten auf eine andere organisatorische Basis zu stellen und auch das Umland um den Nahen Osten herum nach Möglichkeit mit in diese Organisation einzubeziehen, um potentielle Probleme aus den Gründen wie zuvor zu vermeiden.

Doch schien diese Idee eines weltweiten Völker-Rechts-Bundes insgesamt faszinierend und als Lösung der sich darstellenden Probleme. Warum sollte diese Idee nicht allgemein auf Interesse stoßen, wo man schon einen guten Ansatz dafür hatte? Für keinen Verband entstand hieraus ein Nachteil, doch für viele ein Vorteil, und für manche würde dies die einzige Chance sein.

Offenbar empfing diese Konzeption einige positive Resonanz. Möglicherweise wurde sie sogar im Nahen Osten selbst überhaupt erst durch die positive Resonanz im Umland und durch ein Engagement von dorther als Lösung vorstellbar und dann auch in Form der Völker-Recht-Bund-Organisation etwa auf dem Göbekli Tepe erreicht (belegen sich kulturell auf jeden Fall nördliche und östliche Einflüsse → 5.3).

Mit Sicherheit erklärt sich jedoch die weite Verbreitung des mittelmesolithischen Völker-Rechts-Bundes, die sich insgesamt (u.a. auch als Hintergrund der *Megalith*-Kultur und der Sprachfamilien) darstellt, ausschließlich durch ein entsprechendes Interesse, das angesichts der weltweiten Probleme aufgrund der ungeheueren Naturumbrüche am Ende der Eiszeit bestand. Von >oben< her hätte damals für eine solche Organisation kein Potential bestanden (dies begann erst mit der Etablierung dieser Organisation in der letzten Phase des Mittleren Mesolithikums). Die Idee dieser Konzeption dürfte wie ein Lauffeuer um die Welt gegangen sein (es hätte damals kaum eine größere Sensation geben können), und es war allein die Nachfrage aus etlichen Gegenden der Welt, die dieser Verbreitung die effektive Basis stellte.

Das wohl beste Beispiel für diese Verbreitung und auch dessen Funktionieren ist die Aborigines-Kultur. Denn dort hat diese mittelmesolithische Konzeption des Völker-Rechts-Bundes (in Form der letzten mittelmesolithischen Stufe) ein dauerhaftes funktionsfähiges Ergebnis in einem kontinentalen Ausmaß gefunden, bis sie in der Moderne vom Kolonialismus erreicht wurde.

4.2.1 Der Anhalt in der Aborigines-Kultur

Grau: Das eiszeitliche >Sahul< mit Australien und Papua-Neuguinea

Nachzeichnung, vgl. Wikipedia: *Sahul* (7.1.21, 06:03)

dort genauere Karte

An der mittelmesolithischen Aborigines-Kultur wird gänzlich zweifelsfrei ersichtlich, dass es bei der damaligen Entwicklung nicht um die Entwicklung von Fortschritt ging, sondern darum, die entstandenen Probleme durch die Naturumbrüche verarbeitet zu bekommen.

Vor allem der Norden Australiens und Neuguinea waren von enormen Landverlusten geprägt. [36] Der große Landbereich zwischen Australien und Neuguinea ging im Meer unter. Für die auf diesem Landbereich zwischen Australien und Neuguinea lebenden Menschen bedeutete diese Entwicklung in der Tat einen „Weltuntergang“.

[36] wohl ca. 2,5 Mio. Quadratkilometer; s. auch zu dem vorausgehenden Klimawandel und Artensterben seit dem Betreten Australiens durch den Menschen: GEO 11/2014, S 87

Wenn die Angabe von ca. 2,5 Mio. km^2 Landverlust zutrifft, dann ergäbe dies in Bezug auf Australien ca. 30 %. Besonders schlimm war es der Karte nach für Neuguinea. Von daher werden die später dort besonders heftigen Kriegsverhältnisse verständlich, die zu Kannibalismus führten, auch wenn die besondere Problematik erst durch das Neolithikum aufgekommen ist, das zuerst als die Lösung erschien.

In Australien belegt sich, dass diese Völker-Bund-Konzeption und auch das Thema >Sintflut< in dem Zusammenhang der nacheiszeitlichen Naturveränderungen steht. Der damalige Anstieg des Meeresspiegels um insgesamt ca. 120 m bedeutete für Australien vor allem im Norden eine wahre „Sintflut“ (>große Flut<), und dieser Sachverhalt dieser „Sintflut“ ist aufgrund ihrer bleibenden schwierigen Folgen dort in der Erinnerung mitsamt manch neuer Gebräuche tradiert worden.

> „Einige Stämme der australischen Aborigines, vor allem jene, deren traditionelle Heimat sich an der tropischen Nordküste befindet, schrieben ihre Herkunft einer großen Flut zu, welche die frühere Landschaft und Gesellschaft hinwegspülte. Außerdem gilt in den Schöpfungsmythen mehrerer anderer Stämme die kosmische Schlange Yurlunggur (die mit dem Regenbogen assoziiert wird) als Verursacherin der Sintflut.“ [37]

So war auch in Australien, wie die Aborigines-Mythologien aufgrund der *damit verbundenen fundamentalen Konsequenzen* noch *wissen*, eine Situation entstanden, die „es notwendig machte, den Wettbewerb um die Nahrungsvorräte und die kriegerischen Auseinandersetzungen gesetzlich zu regeln.“ [38]

Es ist bemerkenswert, wie man in Australien trotz der entstandenen äußerst angespannten Situation in der Lage war, ein solch komplexes, weite Gebiete und viele >Stämme< umfas-

---

[37] Graham Hancock: Die Spur der Götter, S. 219

[38] Jeff Doring (Hg.): Gwion Gwion, S. 174

sendes Regelungswerk zu verwirklichen. Den völlig neuartigen Stilformen und Motiven der mit diesem Regelungswerk verbundenen Fels-Malereien zufolge breitete sich diese Konzeption bezeichnender Weise auch von Norden her aus. Die Verwirklichung dieser Konzeption hing nicht daran, dass sich sämtliche Verbände dem anschlossen, nur innerhalb einer jeweiligen Region, wo entsprechende Ressourcen-Probleme aufgekommen waren. Den Hintergrund für diese Konzeption bot in *jeder* Hinsicht die ursprüngliche = paläolithische *Netzwerk*-Organisation der freien ursprünglichen Verbände. Ohne diese Voraussetzungen an Selbstverständnis und Praxis wäre insbesondere die insgesamt anzunehmende Verbreitung dieser neuen Konzeption (vor allem in dieser Geschwindigkeit) kaum vorstellbar.

Dieser von den Ngarinyin-Aborigines ***Wunan*** genannte Völker-Rechts-Bund bedeutete in seinem Ansatz nicht die geringste Willkür und Ausbeutung. Es war entsprechend seiner Grundlage der paläolithischen Kultur und Philosophie effektiv sozial *und auch* ökologisch verantwortlich gedacht und angelegt:

„Alle teilen alles miteinander, Kinder ... Frauen ... Männer
Keiner ist ausgeschlossen ... alle gehören dazu, Vögel ... alle Tiere ... Hunde
niemand bleibt draußen, alle gehören immer zum *Wunan* dazu
jeder ... auch die Tiere, die gehören alle zum *Wunan*
jedes lebendige Geschöpf gehört zum *Wunan* [...]
alle gehören zum *Wunan*, egal welche Sprache, keiner bleibt draußen beim *Wunan*
es ist allen gemeinsam ... das ist das *Wunan*
Nach dem *Wunan* wird alles geteilt, alles hat seine Ordnung ... keiner bleibt draußen
alle ... das *Wunan* ist eine einzige große Familie
Oh ja! Ein *Wunan* für alle“ [39]

[39] Nyawarra, in: Jeff Doring: Gwion Gwion, S. 182 f.

Zu diesem Ziel effektiver Verabredungen wurde - wohl ebenfalls entsprechend paläolithischer Tradition - eine Versammlung der Vertreter der Gruppen und Stämmen in der jeweiligen Region anberaumt, die mit einem feierlichen Mahl begangen wurde.
Überhaupt basieren die ganzen von dem Gesetz-Bund-System verwendeten Sozialtechniken soweit ersichtlich auf paläolithischer Kultur, doch kommt es hier zu einer festen organisatorischen Struktur. So entpuppt sich diese bislang so naturalistisch wahrgenommene Kultur der Aborigines als Repräsentanz der **historischen Grundform von Staat**. Das materielle Herz dieses Gesetz-Bund-Systems bestand (regional) in einer kleinen *geheimen* **Megalith-**Anlage, welche die Versammlungsstätte repräsentieren soll, auf der das Gesetz-Bund-System verabschiedend worden sei:

Der Ur-Typ einer Megalith-Anlage, Nachzeichnung [40]

Der (lediglich) Tisch große flache Stein (s. Abb.) zeigt den Tisch namens *angga*, an dem die Ratsversammlung der

[40] S. Fotos in: Jeff Doring: Gwion Gwion, S. 142

Stämme gesessen habe bzw. auch die große Schale des gemeinsamen Mahls dieser Ratsversammlung. Die um den Tisch aufgestellten (keinen Meter großen) Steine und die hier nicht zu sehenden weiteren Steinreihen am Ort repräsentieren die auf der „Ratsversammlung“ anwesenden Vertreter der Stämme.

> „Hier sind die *Kamali jallala* ... Steine der Gesetzesmacher: Hier hatten sie die große Versammlung, man kann noch sehen, wie sie von überall her kamen, eine große Versammlung war das, und sie haben über das *Wunan* geredet.“ [41]

> „Aber die wichtigste Wurzel ist hier, das Abbild der ganzen Ordnung ist hier
> an dieser Stelle hier da ist es aufgezeichnet [!]
> wir zeigen dir was da geschrieben [!] steht, denn hier am Erdboden kann man es sehen
> da geht es zum Sonnenaufgang hin ... und da zum Sonnenuntergang
> *Wunan.gu* ... sie rufen nach dem *Wunan*
> Hier standen sie alle Schlange, hier an der gestrichelten Linie!“ (ebd. S. 144)

Die Bedeutung des Steins liegt darin, das >Ewige< zu repräsentieren:

> „Der Stein hat Macht ... *wungud* hat er in sich
> wir sagen er ist wie das *Wunan* er wird nie vergehen.“ (ebd. S. 143)

> „Dieser Tisch *angga* der ist ewig, der hat schon immer da gestanden, und er wird immer da stehen. Er hat nämlich Wurzeln in der Erde, und der steht hier felsenfest.

---

[41] Nyawarra, in: Jeff Doring: Gwion Gwion, S. 145

Der bleibt wo er ist der hat Wurzeln tief drinnen ... der Stein hier der bleibt an seinem Platz, der bleibt in der Erde und das steht fest ... der Mann der muss ganz schön Kräfte haben der den hochstemmt.
Der Stein hat Macht ... *wungud* hat er in sich, wir sagen er ist wie das *Wunan* er wird nie vergehen.
wunbanburan heißt unveränderlich, er bleibt wie er ist für alle Zeit, er ist *wunbanburan, wunbanburan* das heißt so viel wie ... etwas bleibt immer am gleichen Ort
das heißt *wunbanburan,* der bleibt so den kriegt keiner hier weg, den kann keiner verändern, und das *Wunan* wird immer so bleiben." (ebd.)

„Wenn wir sterben, dann ist der *angga,* der ist dann immer noch da
das *Wunan* ist immer noch da, und das Land selbst das ist auch immer noch da
Das *Wunan,* das ist jetzt da, und dazu gehören die heiligen Orte, um die müssen wir uns kümmern, jeder Mann jede Frau
wir haben eine große Verantwortung

Kamali jallala ... Steine der Gesetzesmacher
Deswegen stehen so viele *jallala* hier
hier haben sie ihre Versammlung gehalten, Vereinbarungen getroffen das Land aufgeteilt...
alles ... Landrechte und alles
In dem *Wunan,* sind wir alle entstanden
Niemand ist vergessen ... niemand ausgeschlossen, ... hier im Land
aber wir stehen nicht abseits... wir gehören dazu,
und das Lied [!] das bleibt uns für alle Zeiten."

(ebd. S. 140, 142)

Die Turingas usw.

Im Kontext des Völker-Rechts-Bundes gibt es die unterschiedlichsten Formen seiner Organisation. Das Konzept der **Totems** dürfte aus der Verteilung von Rechten auf bestimmte Ressourcen entstanden sein. Neben den Kultstätten z.B. mit den neuartigen Formen an **Felsmalerei** gibt es körperliche Kennzeichnungen wie die männliche Beschneidung, Narben und dann auch Tätowierungen. Dazu kommen Turingas, die auch als Ausweise für bestimmte Befugnisse dienen, wie andere >heilige Objekte< wie übrigens auch die >heiligen Flöten<. Alle diese Formen haben schon in der paläolithischen Kultur Grundlagen, doch dort noch entscheidend andere Funktionen, die nicht mit den späteren autoritären Formen gleichgesetzt werden dürfen.

Dieses von Anati als >Turinga< bezeichnete Objekt stammt aus Saint Marcel, Frankreich; Jungpaläolithikum. Es ähnelt in der Tat manchen Turingas aus Australien. [42] *Doch dürfte es noch nicht deren Funktion gehabt haben, denn es handelt sich um ein Instrument, mit dem sich, links in dem Loch an eine Schnur gebunden, Töne erzeugen lassen.*
Angaben und Nachzeichnung nach E. Anati: Höhlenmalerei, S. 244

„Für die Beschäftigung mit dem *Wunan* und den *maya.ngarri* muss man wissen, dass die *maya.ngarri* ge-

[42] s. z.B. Harald Haarmann, Universalgeschichte der Schrift, S. 63 f.

heime, heilige Bedeutungen haben, die oft absichtlich verschleiert werden. [...] Es wäre ungehörig, *maya.ngarri* abzubilden oder im Detail zu beschreiben, gerade in ihrer Funktion als Mittel, mit dem Totem in Verbindung zu treten, denn sie sind ganz und gar durchdrungen von ihren geheimen Bedeutungen, die bewahrt und geschützt werden müssen. Jeder, der innerhalb des *Wunan* gegen diese Regel verstößt, riskiert es, getötet oder aus der Gemeinschaft ausgeschlossen zu werden.“ [43]

„*maya.ngarri* durch heilige Gegenstände übermittelte Botschaften; geheime oder private Formen geschnitzter und bemalter Hölzer, auf denen grundlegende kulturelle Vorstellungen überliefert sind; abstrakte Symbole des Gesetzes, die als *wulari* innerhalb des *Wunan*-Netzes im Umlauf sind; uralte kulturelle Gemeinsamkeit, die die Aborigines der tropischen Regionen im Norden mit den zentralaustralischen verbindet.“ [44]

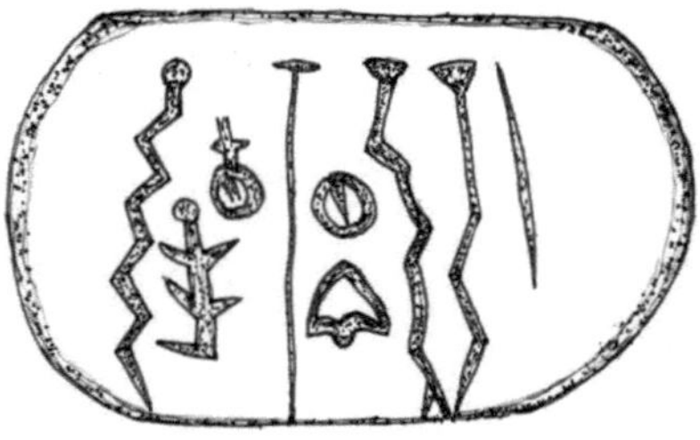

Den Turingas in gewisser Weise vergleichbare Plättchen finden sich auch in Göbekli Tepe und Umgebung, Beispiele aus dem Ort Jerf el-Ahmar (s. Nachzeichnungen.[45]

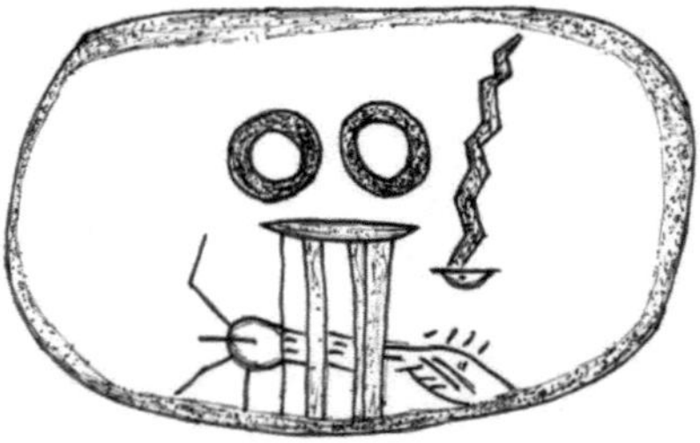

---

[43] Jeff Doring: Gwion Gwion, S. 188

[44] Jeff Doring: Gwion Gwion, S. 328

[45] S. 106, mit weiteren Beispielen in: Badisches Landesmuseum Karlsruhe: Vor 12.000 Jahren in Anatolien, S. 103 ff.

4.2.2 Der mittelmesolithische Völker-Rechts-Bund

Insgesamt bietet sich für diesen ehemaligen Bestand des mittelmesolithischen Völker-Rechts-Bundes eine Menge an Anhalten. Doch würde bei den derzeitigen Forschungsproblemen eine nähere Aufnahme und Besprechung der ganzen Anhalte den Rahmen dieser Schrift sprengen. Deswegen möchte ich demnächst ein eigenes Buch zu dieser Thematik veröffentlichen („Von Göbekli Tepe zu Stonehenge und den Pyramiden"). Dieser so bedeutsame mittelmesolithische Völker-Rechts-Bund scheint *jenseits* des Nahen Ostens verbreitet noch erheblich länger existiert zu haben. Da all dies jedoch nicht das eigentliche Thema dieses Buches ist, können hier nur einige Schlaglichter auf dieses Material geworfen werden.

Ein wichtiger Anhalt bzgl. des mittelmesolithischen Völker-Rechts-Bundes verknüpft sich mit der **Megalith**-Symbolik, die sich schon wie eben zitiert bei den Aborigines und dann auch mit der Kult-Anlage auf dem Göbekli Tepe belegt.

Die jedoch wichtigsten Anhalte sind hier **sprachlicher** Art. Dies hat seinen Grund einerseits darin, dass diese frühe Ära materiell nur überaus begrenzt greifbar wird, und andererseits durch die weiten sprachlichen Bezüge sogar zwischen den Sprachfamilien. Dass diese Zusammenhänge kein Zufall sind, erklärt sich im Besonderen, wenn man erkennt, dass die Sprach-Anlage auf der Basis von Vokabular und Grammatik nicht wie früher angenommen ein ursprünglicher Sachverhalt ist (d.h. in dieser Form kein Sachverhalt der eiszeitlichen Sprache des Homo sapiens), sondern zunächst eine *spezifische* Entwicklung der Mesolithischen Revolution. Auch erklären sich die Sprachfamilien (zumal bei den gängigen zeitlichen Ansätzen) nicht mehr als urwüchsige Entwicklung der Sprachwerdung des Menschen. Das ist anders als früher, wo man die Menschheit noch für 6000 Jahre alt hielt, heute nicht mehr zeitlich in Verbindung zu bringen, auch nicht mehr mit der Verbreitung des Menschen über diesen Planeten.

Die einzige, aber umgekehrt auch optimale Erklärung für das Aufkommen der Sprachfamilien sind die großregionalen Organisationsformen des Völker-Rechts-Bundes. Interessanter noch sind die Bezüge zwischen den Sprachfamilien, denn diese deuten in etlichen Formen auf den mittelmesolithischen Netzwerk-Zusammenhang mit dem geographischen Zentrum im Nahen Osten, wofür konkret Göbekli Tepe in Betracht kommt. S. u.a. dazu das Beispiel Afrika, wo dies wohl vom Geographischen her noch überaus gut zum Ausdruck kommt (→ 4.2.2.2.2).

Das Chinesische ist hierzu kein Widerspruch. Vielmehr repräsentiert es in guter Form die **erste** Stufe der Umwandlung der eiszeitlichen Sprache des Homo sapiens in die historische Sprachform auf der reinen Basis von Vokabular und (zuerst wenig) Grammatik, wie sie von der Mesolithischen Revolution angeregt worden war. Nur hat das Chinesische die auf Stufe 3 des Mittleren Mesolithikums aufkommenden Weiterentwicklungen nicht mehr mitgemacht.

„Abdruck eines Stempelsiegels aus Tell Sabi Abyad. Das Motiv wird als stilisierte Wiederholung des Spinnenmotivs vom Göbekli Tepe gedeutet […].“ Zitat + Nachzeichnung nach: Klaus Schmidt: Sie bauten die ersten Tempel, S. 206

4.2.2.1 Die Stämme- und die Megalith-Symbolik

„Am Anfang war ein großer Felsen, der war schon immer da, denn er war die >Mutter der Welt<. Aus diesem heiligen Felsen wurden zuerst die verschiedenen Götter geboren.“

Ozeanischer Mythos [46]

„Auf der Erde steht der große >Geisterfelsen<, der verbindet den Himmel mit der Erde. Er heißt auch die >Säule des Himmels<.“

Tibet [47]

Die Stämme- und die Megalith-Symbolik sind nicht bloß tendenziell weltweit verbreitet. Es finden sich auch zahlreiche Anhalte, die hierbei näheren Aufschluss ermöglichen.

Trotz ihres Unterschieds haben die Stämme- und die Megalith-Symbolik den gleichen Ursprung und stehen wohl auch zuerst in direkter Verbindung. Dieser Ursprung liegt in der eiszeitlichen Sprache des Homo sapiens und verknüpft sich dort mit der **Weltenbaum**- und der **Weltberg**-Symbolik, die in gewisser Weise nur zwei verschiedene Ausdrucksformen des gleichen Hintergrunds sind. Diese Gleichsinnigkeit belegt sich u.a. im japanischen Schintoismus unter *Yama* (wie z.B. in *Fudschijama*) als „heilige Berge (Yama), die den Himmelspfosten bzw. die [*Weltenbaum-*] Weltachse als >Mitte der Welt< und Zentrum der vier Himmelsrichtungen symbolisieren ([*personifiziert in den „Göttern“*] *Izanagi und Izanami*).“ [48]

---

[46] Helma Marx: Das Buch der Mythen, S. 546
[47] Helma Marx: Das Buch der Mythen, S. 409
[48] Harenberg Lexikon der Religionen: Bergkulte, S. 834

„Weltenbaum auf einer sölkupischen Schamanentrommel. Der Baum wurzelt in der dreischichtigen unteren Welt, die oberen drei Astpaare bezeichnen die Himmelsschichten. Der Baum ist zugleich Achse eines kosmischen Gesichts mit Sonne und Mond als Augen."
Text und Nachzeichnung nach: Mihály Hoppál: Schamanen, S. 158

„Symbolischer >Tragpfeiler< des Weltenbildes im nordeuropäischen Schamanismus ist der Weltbaum. Diese Vorstellung geht zurück auf die kreisrunden Behausungen und die zentrale Stellung des Polarsterns: Man dachte sich den Sternenhimmel als Dach eines Welt-Zeltes, an dessen höchstem Punkt der Polarstern leuchtete und beim Orientieren half. Den Himmel hält eine gewaltige Säule, der in der Mitte (am **Nabel**) der Erde auf einem Berg oder Hügel stehende Weltenbaum - er ist die lotrechte Achse der Welt, Verbindung im dreifach gegliederten Universum, die Milchstraße am Himmel, um die sich der gestirnte Himmel dreht. Dieses Modell findet sich überall zwischen den Lappen und den Nanai am Amur. Den Weltenbaum ersetzt zuweilen ein mythisches Drachenechsenskelett [z.B. → S. 187] oder die Gestalt eines Urschamanen." (ebd.) (Hervorhebung CR)

Diese Weltenbaum-Symbolik war auch in Amerika verbreitet:

„Der Pfahl, der im Mittelpunkt der Tanzzeremonie steht, stellt die drei Ebenen des Universums dar. Der Adler auf der Spitze des Pfahls symbolisiert den Himmel, ein am Stamm befestigter oder ganz unten angebrachter Büffelschädel steht für die Welt der Tiere und Menschen, die Opfergaben aus Tabak und Wasser, die unmittelbar vor den Pfahl niedergelegt werden, repräsentieren dagegen die Unterwelt." [49]

[49] Jean Clottes & David Lewis-Williams: Schamanen, S. 29

Für eine historische Zuordnung ist das materielle Moment der Symbolik ein wichtiger Anhalt. Das Zentralsymbol des Paläolithikums verknüpft sich mit *Odem/Atem – Anima* für >Geist, Bewusstsein, Kultur<, im Späten Mesolithikum mit *bone* (*Schädel, Gebein* für *Ahnenkult, Genealogie, Nachwuchs*) und im Neolithikum mit (der *feuchten* Acker-) *Erde* (>Modder<) für >Wiedergeburt, Vermehrung in Nachwuchs und Wirtschaft<. Demgegenüber ist die Heraushebung der Megalith-Symbolik von >Stein, Fels< (auch in den Mythologien) dem Mittleren Mesolithikum zuzurechnen. Sie ist Ausdruck des damaligen Interesses, in dem durch die damaligen Naturkatastrophen entstandenen Chaos *wieder* dauerhafte stabile Verhältnisse wie >Stein< geschaffen zu bekommen (von dort her auch >Staat<), wie es schon mit den Aborigines zitiert ist (→ 4.2.1).

Mit besonderen Bauten hat die Megalith-Symbolik zuerst noch nichts zu tun. Zuerst sind die Berge, Felsformationen und ggf. natürliche aufgestellte >*Menhir*-Steine< das Eigentliche der Megalith-Symbolik, und es kommt hier zu dem Brauch, tabuisierte Berggipfel (oder Höhenstationen) als Orte seiner Organisation und Rituale zu nehmen. Göbekli Tepe ist hierfür das beste Beispiel.

Bei der Ausstattung seiner Kultstätten kommt nun die Symbolik der >Stamm-Ahnen< hinzu. Sie wird je nach Gegebenheit in Form von (Baum-) Stämmen oder nach Möglichkeit in Stein zum Ausdruck ausgeführt. Als älteste bearbeitete Formen belegen sich die körperlich (nicht aber geschlechtlich!) angedeuteten T-Pfeiler auf dem Göbekli Tepe und in der Umgebung. Die beiden dortigen zentralen Pfeiler repräsentieren demnach nicht das Ur-Paar a la >Adam & Eva<, das sehr wohl die erste, frühmesolithische Form gewesen sein könnte und dann mit der spätmesolithischen Ahnen-Kult-Kultur neu aufgenommen worden wäre. Die ungeschlechtlichen Stamm-Pfeiler-Paare von Göbekli Tepe dürften demgegenüber die Moiety-Konzeption repräsentieren.

Auch die *PiPa* >Pfeife, Flöte<, die mit zu dem ältesten bislang aufgefundenen Kulturgut gehören (s. Abbildung), [50] wird als eine transportable Ausgabe des >Weltenbaums< später zu einer Stamm-Symbolik.

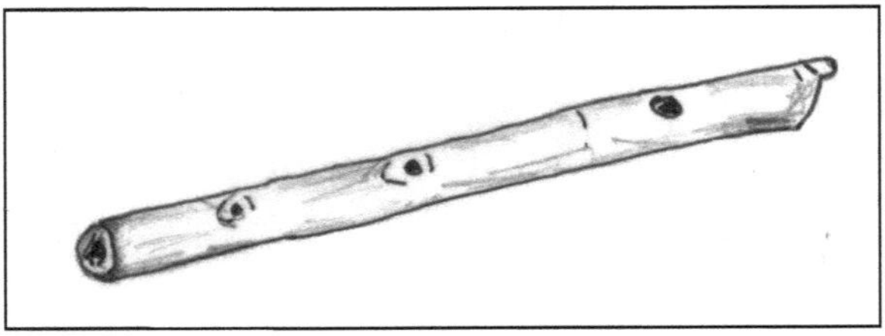

„**Flat Pipe** (Flachpfeife) ist die heilige Pfeife der Arapaho, die für den ganzen Stamm steht. Sie wird mit wertvoller Medizin gefüllt, ist daher immer in ein Tuch gehüllt und wird vom Hüter der Pfeife bewacht.
Flat Pipe gilt gleichzeitig als die Kraft, welche die Arapaho erst erschuf. Diese Rolle wird in der Flat Pipe-Zeremonie deutlich, doch es gibt auch Sagen, die diesen Ursprungsmythos erzählen. Flat Pipe, die Personifikation der Pfeife, trieb auf vier Stäben auf dem Wasser. Er bat die Tiere, ins Wasser einzutauchen und ihm Erde zu holen, damit er trockenes Land schaffen könnte. Die Ente schaffte es schließlich. Doch leider war es nicht genug Schlamm, sodass die Schildkröte noch einmal tauchen musste. Sie brachte genug Erde, damit Flat Pipe daraus den ganzen Kontinent schaffen konnte.“ [51]

„In vielen Gebieten Neuguineas sind die Männerkulte mit heiligen Flöten verbunden, die bei besonderen Ritualen gespielt werden. [...] Ihre Musik gilt als die Stimme der Geister, die das Wachstum und die Fruchtbarkeit der Menschen, Schweine und Feldfrüchte fördern.“ [52]

---

[50] „Die Flöten vom Geißenklösterle datieren um rund 35.000 Jahre vor heute.“ G. Uelsberg & S. Lötters: Roots/Wurzeln der Menschheit, S. 237
[51] D. M. Jones & B. L. Molynaux: Die Mythologie der Neuen Welt, S. 37
[52] Göran Burenhult: Illustrierte Geschichte der Menschheit V, S. 229

Die *Stamm-Pfahl-* entstammt der pleistozänen *Weltenbaum*-Symbolik, die immer auch anthropomorph gedacht ist, aber gleichermaßen auch theriomorph (z.B. die die >Wirbelsäule< verkörpernde >Drachenechse<, s. Zitat S. 90, die auch in Göbekli Tepe gemeint sein könnte). Diese Symbolik ist ursprünglich in einem Baum oder Pfahl gefasst, aber dort auch bei einer weiblichen Figur wie die eiszeitlichen „Venus"-Figuren oder die altorientalische *Aschera* oder = *Astarot* androgyn gemeint. Die geschlechtlich getrennte Form dürfte erst im Späten Mesolithikum aufgekommen sein.

„Zwei Baumstämme wurden auf den Strand gespült, die die Götter mit Atem, Verstand, Gehör, Gesicht und anderen Lebensfunktionen versahen. Der eine war ein Mann, genannt Ask *[= Esche], der andere eine Frau,* Embla.*"*
(Germanische Mythologie) [53]

Sibirisch: *Mann* – Lärche; *Frau* – **Tanne**
(Findeisen/Gehrts S. 114)

Alteuropäische >Stamm<-Plastiken aus der Eisenzeit, die weibliche aus Schottland, die männliche aus England.
Solche Figuren standen in den gallischen >heiligen Hainen<.

Nachzeichnung nach:
Miranda J. Green: Die Druiden, S. 24

[53] Lennart Ejerfeldt, in: Asmussen & Læssøe: Handbuch der Religionsgeschichte I, S. 308

Ein direkter Hinweis auf diese Weltberg-Symbolik verknüpft sich mit den >Nabel-Bergen< als den >Nabeln der Welt<, was in der ursprachlichen Symbolik des Homo sapiens auf jeden Fall mit der Initiations-Symbolik verbunden ist. Auch die männliche Beschneidung wird als >Abnabeln< gesehen, doch müssen die >Nabel-Berge< nicht mit der Beschneidung an sich identifiziert werden.

Nabe, Nabel - *novo – neu (Kind - - Nymphe* >Braut< usw.)

Nebo, Nevo	נבו	hebr. >Berg<, als >Gott< in babylonisch *Nabû* (im Namen König *Nebukadnezar*)
Nuba		der Himmelsgott der afrikanischen Nuba-Stämme (Sudan) [54]
niebo		polnisch >Himmel<
nabû -	נבא	assyrisch >verkünden<, hebräisch >prophezeien<

usw.

Das ursprachliche Element *Ћא wie ***Ta, Tu*** usw. tritt hier in verschiedenen Formen und Kontexten für >Erde< in Erscheinung, s. unten auch in *Al-Ta, TaNa* und *TorKu.*

ta	Tא	altägyptisch >Erde<, in → *Ptah* (s.u.)
tu		sum. >Erde< in ***Nintu*** >Erdgöttin< (*nin* >Herrin<)
tŭ		chinesisch >Erde< (s. Zeichen E. Fazzioli, S. 98)
toy		Ainu (Ureinwohner Japans) >Land<
dā		mittelniederdeutsch = heute **Ton** (Duden 7 ebd.)
*ch**thón***		griech. >Erde, Erdboden, Erdreich, Land< = *Gē, Gaia* [wohl ***Gē + Ta/n***] - **chtonisch**

Ptah	der altägyptische „Schöpfer", Ursprung des Alls und der Götter und „der Kulturbringer", ist *Tatenen*, was bedeuten soll, dass er „der Gott ist, der einstmals aus dem Urhügel hervorging". [55]

[54] Helma Marx: Das Buch der Mythen, S. 435

Die Nabel-Symbolik

Rechte Figur wohl mit Nabel: auf Stempelsiegel vom Tepe Giyan:
Nachzeichnung nach: Klaus Schmidt: Sie bauten die ersten Tempel, S. 215

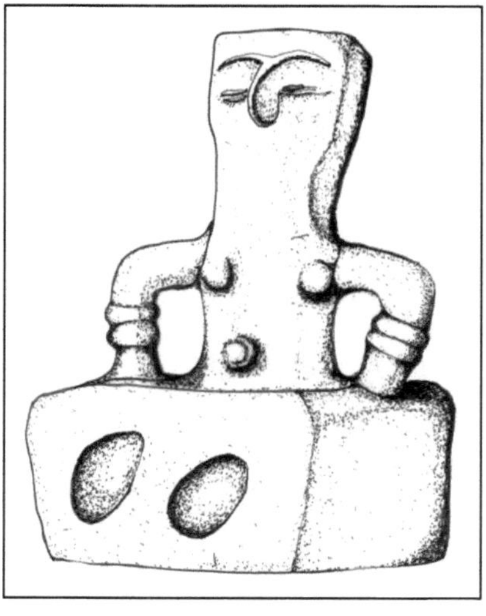

Der Nabel als *K*nubbe*l*

Makedonien um 5500 v. Chr.
Nachzeichnung nach: Marija Gimbutas:
Die Zivilisation der Göttin, S. 257

Die Darstellung des Nabels könnte einen assoziativen Bezug zur männlichen Beschneidung enthalten.

[55] Mircea Eliade: Geschichte religiöser Ideen I, S. 396

Zu *$P^{e}tah$ in umgekehrter Zusammensetzung als *TaPa* :

(Berg) ***Tabor*** hebräisch *tabbur* >Nabel<,
Göbekli Tepe türkisch *göbek* >Nabel, Bauch< + >>

tepe türkisch >(Berg) Hügel< = jakutisch (!) *töbö*
tepe aztekisch >Berg< z. B. in *Tepeyolohtli* >Herz des Berges<, Erdgottheit der Frühzeit [56]

Popocatepetl „ein Nahuatl-Name", einer der aufragenden **Vulkane** der zentralen Hochlandregion, die das Tal von Mexiko umgeben. [57]

Týphōs, Týphōn griech. >Ungeheuer der Urzeit: Verkörperung des vulkanischen Feuers und der Glutwinde (Sohn der **Gaia** und des **TarTar***os*, von Zeus unter einem Berg begraben)
[vgl. ***tief, taub, Duft/Dampf, Tuff*** usw.]

thaba Sesotho (Bantu, Afrika) >Berg< [58] z.B. Thaba Bosiu
Tubu/Tibu Volk „Menschen des Gebirges, Felsenmenschen" im ***Tibes*ti-**Gebirge (Sahara) [59]

dabar דבר hebräisch (umfassende Wurzel) >Wort, Spruch, Rede<, auch für >Gesetz<
dipo Begriff der Krobo (Ghana, Afrika) für die >Mädcheninitiation< (auf einem Ritual-Berg) [60]

Delphi griech. >Nabel der Erde<. *omphalós* >Nabel; nabelförmige **Erhöhung**, Mitte; ~ *der Erde*: **Delphi**<; *delphýs* >Gebärmutter<

Auch dort gibt es **Dämpfe** aus der Erde, die hier zur Trance zwecks Orakel genutzt werden

---

[56] D. M. Jones & B. L. Molynaux: Die Mythologie der Neuen Welt, S. 138
[57] Göran Burenholt: Illustrierte Geschichte der Menschheit IV, S. 59
[58] vgl. dazu: Wikipedia: Thaba Bosiu; Thaba Nchu; Sesotho; 8.1.21, 0:10
[59] Wikipedia: Tubu (07.01.2021, 08:05)
[60] H. Christoph, K. E. Müller & Ute Ritz-Müller: Soul of Africa, S. 44

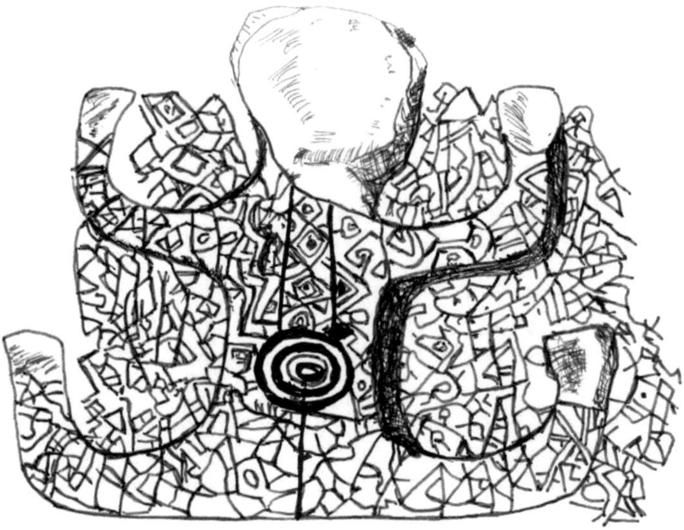

Relief-Plastik aus Çatal Höyük [61]

Die Nabel-Welt/Berg-Symbolik mit vermutlich >Mutter Erde< wie z.B. *Ma Ga* (→ 5.4.2) oder *KiMera.* Der eher theriomorphe Ausdruck ist dazu kein Widerspruch, vgl. dazu die *KiMera*-Symbolik (>Erd-Mutter<) lat. *Chímaera* >Feuer speiendes Ungeheuer in Lykien< (**Vulkan**-Symbolik), die z.B. als Löwe, Ziege und Schlange *symbolisiert* wird.

„>Göttinnen< wurden in mindestens zwölf Häusern [*in Çatal Höyük* ...] gefunden. Sie weisen ausnahmslos erhobene Arme und Beine auf sowie einen ausgeprägten, kreisförmigen Bauchnabel; Füße, Hände und Köpfe fehlen stets. Mellaart beobachtete, dass diese Figuren in den meisten, wenn nicht sogar in allen Fällen, eng mit Stierköpfen assoziiert waren [...].“ [62]

Beachte *STier – Tauros (-Gebirge) – terra = Kuh – Ki - Gaia*

[61] Nachzeichnung nach Marija Gimbutas: Die Sprache der Göttin, S. 253
[62] M. Cutting, in: Badisches Landesmuseum: Vor 12.000 Jahren, S. 128

4.2.2.2 Weitere Anhalte in Symbolik und Sprache

Hier nur eine kleine Auswahl (ohne Quellen der einzelnen Wortformen):

1) Die *El*-Berge wie *Al-Ta, Al-Ba*
(*Ur-Al; Al-Tai; Al-Ba*: *Alpen, Elburs, Olympos* usw.)

Die paläolithische Welt= Nabelberg-Symbolik (z.B. auch *Ku*^{h} = *Taurus* = assyrisch *alpu* s.u.) wird im Mesolithikum als Zentrum seiner Sozial-Organisation aufgenommen, wie auch der Göbekli Tepe.
In vergleichbarer Funktion treten die *El*-Berge wie *Sinai* (2. Mose 19, 18) und *Horeb* (5. Mose 4, 10) in der altisraelitischen Tradition (Bibel) als die Berge der Gesetzgebung in Erscheinung, wenngleich in Verbindung mit >Mose< in einer aktualisierten Umdeutung.

Auf das Element *Ћא wie *Ta,* das sich auch in *TaPa* (*Tepe*) und *TaGa* (*Taiga,* (Kirchheim-) *Teck, Tucu* (Pyrenäen), türkisch *dağı* usw.) für >Berg< findet, hatte ich bereits hingewiesen. Das hier andere Element ursprachlich *אL wie *El* oder dt. *All*^{es} ist im Ausgang gleichbedeutend. Es findet sich in *Altai,* lat. *altus* (von **alo*) >hoch, tief<, dt. *alt.*

Dieses Element *אL tritt hier bei besonderen Berg-Komplexen auffällig in Erscheinung, doch nicht nur dort. Die zusammengesetzte Form *אL + *Φא wie *Alba, Alpen, Alpha* deutet auf weitere interessante Zusammenhänge in dem damaligen Kontext:

alpu		assyrisch >Rind< (s.u.:)
äläph	אלף	hebräisch >**Rind**<; >**Stamm**; **Geschlecht**<

Alb, Alfen **Elb, Elf, Elfe**	germ. „Die Verstorbenen werden als Vorfahren └ *álfar*, Elben, genannt.“ [63]

[63] Åke V. Ström: Germanische Religion, RelMen 19/1, S. 163 f.

alba, albus	lat. >weiß< = hebräisch *ləbanon* >**Libanon**< der >Weiße<

Ursprachlich *א L wie *El, Al, Ul* in Bergnamen:

Al-Tai	Altai
Ala-Tau	mit Gipfel 4463 m
Ala-Dağ	Gipfel in Türkei 3734 m
Ulu-Dağ	= **Olymp** s.u. No. 2
Khara Narin *Ula*	Gebirgszug mit Gipfel 2109 m in China Richtung Grenze Mongolei

usw.

Ursprachlich *א L + *Φ א wie *Pa, Ba* :

Alpen	
Alb	- Schwäbische Alb
Elburs	-Gebirge: Gebirgszug im Iran südlich des Kaspischen Meeres mit Gipfel 5604 m
Elbrus	höchster Gipfel im Kaukasus (5633 m)
Olympos	Name mehrerer Berge: 1.) hoher Bergzug auf der Grenze von Makedonien (Pierien) und Thessalien, in der Mythologie berührt als Wohnsitz der Götter; daher metonymisch = >Himmel<; 2.) Gebirge im nordwestlichen Kleinasien auf der Grenze von Mysien und Bithynien; [vgl. die >Übersetzung< = türkisch *Ulu-Dağ, ulu* >mächtig, erhaben<] 3.) Berg auf Zypern (4) bei Antalya (Türkei) im Taurus, heute *Tahtalı Dağı*
Illampu	einer der Anden-Hochgipfel 6550 m nördlich von La Paz (Bolivien)

2) *Tor-Ku* – das >Netzwerk

Das ursprachliche Element *Ћ א wie *ta* findet sich auch in der charakteristisch neolithischen R-Erweiterung wie (*Ma*)*Tara* - *STier* – *Taurus* – *Tauern* – lat. *terra* >Erde< usw. sowie in *Tora* (*Thora*) als dem hebräischen Wort für das >Recht, Gesetz< der israelitischen *Rechts-Bund*-Konzeption.
Es ist nun genau **diese** Form (teilweise in Zusammensetzung mit *Ku*^{h}), die als Anhalt für die Verwandtschaftsverhältnisse der altaischen Sprachen vorgestellt wird, und zwar mit der Bedeutung >**Netz**(**werk**)<: [64]

**towr*	proto-mongolisch, mongolisch *tor*
turku	proto-tungusisch, heute *tur-ku*
**tor*	proto-turksprachlich, türkisch *tor*
**tarachi*	altkoreanisch, koreanisch *tar-äki*
**turi*	altjapanisch, heute *tsuri*

Diese Form dürfte nicht nur den Hintergrund für **Turke** (Turksprachen > Türke), **Thrakien** usw. stellen, sondern belegt sich auch in (einst) wichtigen Ortsnamen weit darüber hinaus:

Turgai	Stadt in Kasachstan n. des Aral-Sees
Turku	Stadt in Finnland
Trakai	die alte Hauptstadt Litauens so. Vilnius
Trāchīs Τραχῖς	Stadt im südlichen Thessalien
Terqa	Stadt am Euphrat unterhalb des *Khabur*
Sara Khan **Taraki**	für Ort der Prä-Indus-Gemeinschaft
Tarraco	Spanien, jetzt **Tarragona**
Tarascon	2 x in Frankreich: *Rhône* [65] + Ariège
Torgau	D - wird aus einem altslawischen Wort für >**Markt**< erklärt

---

[64] alles nach: Wikipedia: Altaische Sprachen (7.1.21, 07:38), in der Tabelle des Abschnitts Makro-altaische Wortgleichungen

[65] mit dem >Drachen< *Tarasque*: S. Früh: Märchen von Drachen, S. 20

umgekehrte Zusammensetzung:

Gadara	antike Stadt in Jordanien
Hatra, heute **Chadra**,	bedeutende parthische Karawanenstadt in Nordmesopotamien [66]
Hazor	verschiedene Städte in Israel (s. Gesenius), - *schor* semitische Parallele zu *tor* >Stier<

Mit Turku (Finnland) wäre ein Bezug Altaisch - Uralisch bestätigt.

Wie anders dt. *Torgau* mit dem slawischen Hintergrund deutet auch die mongolische Bezeichnung *Tôrgan Jam* für die **>Seidenstraße<** darauf, dass dieses Handelsnetz auf einer Tradition des mittelmesolithischen Völker-Rechts-Bund-Netzwerkes aufbaute. Dies spricht neben den sprachlichen Bezügen zu Korea und Japan auch für Bezüge nach China.

Das erste Element findet sich darüber verbreitet als Name einstmalig wichtiger Orte, die wie irisch *Tara* in Teilen von einer alten Organisations-Struktur her ersichtlich sind.

Tara	der einstige Königssitz Irlands [67]
Tárās Τάρας	heute *Tarent*
Tarsós Ταρσός	Hauptstadt von Kilikien (heute Türkei)
Tarsos	(antike) Hauptstadt von Sizilien
Troíā, Trōiás, Trōios	**>Troja<** (**Dar*dan*ellen**)
Tyrus	Stadt d. Phönizier, Mutterstadt Karthagos

usw.

---

[66] Sumer – Assur – Babylon, Ausstellungskatalog Berlin usw., S. 33

[67] „Luftaufnahme des Königssitzes Tara, Irland. Dort befinden sich die mittelalterlichen >Dinnschenchas< als heilige Stätte der rituellen Amtseinführung der Hochkönige von Irland. Tara hat seit den ersten Anfängen im Neolithikum beständig eine rituelle Rolle gespielt."
Miranda J. Green: Die Druiden, S. 120 f.

Netzwerke

Neben dem Sprachlichen bieten sich auch materiell Hinweise auf umfassende alte Netzwerke:

„Bliebe noch der Frage nachzugehen, woher die Steinschläger der Werkstatt von Kaletepe [*am Vulkanberg* Göllüdağ, *Zentralanatolien*] mit ihrem meisterhaften Know-How stammten, die die Techniken beherrschten, die den Bewohnern der umliegenden Siedlungen fremd waren und die sich auf die Produktion von Stücken spezialisierten, die man nicht in Zentralanatolien findet, sondern nur weiter entfernt, etwa auf Zypern oder im Bereich der Levante? Möglicherweise handelt es sich in diesem Fall um gezielte Expeditionen von Gruppen aus weit entfernten Gebieten zur Gewinnung von Rohmaterial.
Diese Beobachtung zeigt, dass man es mit einer Gesellschaft zu tun hat, die sehr viel komplexer ist, als man es sich bislang vorstellen konnte. Weiträumige Netzwerke spiegeln sich auch in anderen Materialien und kulturellen Elementen wieder, so z.B. in Muscheln, verschiedenen Gesteinen [...] und vielem anderen.“ [68]

So fand sich auf dem Göbekli Tepe eine Art Knopf aus dunkelgrünem Speckstein, „der in der Region ortsfremd ist.“ [69]

Ein weiterer Hinweis verknüpft sich mit der Befahrung von **Zypern** im 10. Jt. v. Chr. **vor** dem PPN A ([70]) - sprich vor 9.500 v. Chr. und damit in der Ära des mittelmesolithischen Rechts-Bundes -, was auch nautisch beträchtliche Unternehmen zum Ausdruck bringt.

[68] Nur Balkan-Atlı & Marie-Claire Cauvin, in: Badisches Landesmuseum Karlsruhe, Vor 12.000 Jahren in Anatolien, S. 213
[69] Çiğdem Köksal-Schmidt & Klaus Schmidt, ebd. S. 98
[70] Jean Guilaine, ebd. S. 166 f.

3 Der Anhalt *TaNa*

tan „an vielen Orten der Erde die Bedeutung >Erde, Boden, Land<“, so in altamerikanischen Ortsnamen mit Endung *–tan* wie *Yuca**tan***[71] (Mexiko)

Ein weiterer wichtiger Anhalt bietet sich in Form von TaNa, was ebenfalls als eine Bildung mit *Ћא wie *Ta* erscheint. In dieser Art der Zusammensetzung finden sich in dem mesolithischen Kontext u.a. insbesondere zwei zentrale Parallelen in weiter sprachlicher Verbreitung, und zwar (im Deutschen):

BaNa *Φא + *Nא wie *Band, Bund, Bündnis,* bone/*Bein, Bann*
LaNa *Lא + *Nא wie *lana – Leine* (= Band), *Linie, Lineage*
(*lang – SchLange* usw.)
TaNa *Ћא + *Nא wie (*Tanne* als Stamm-Symbolik?)

dā mittelniederdeutsch = heute **Ton** (Duden 7: Ton)
*chth**ó**n*** griech. >Erde, Erdboden, Erdreich, Land< =
Gē, Gaia [wohl ***Gē* + *Ta/n***]

Diese Formen sind offenbar (bei uns durch das *S als einstiger Vorsilbe etwas verdunkelt) mit *stehen – Stein, Stand* sowie (in evtl. jüngerer M-Parallele) mit *demos* >Volk<, *Stamm* und *domus* >Haus<, *Dom/Stätte* verwandt.

Sie treten auch als >Stamm-Ahn< (als Inbegriff des >Stammes<) ♂ + ♀ wie etwa als *Dana, Don* (auch in Parallele zu *Dame – Dom* >Herr/in<) in Erscheinung. Dies ist auch in Flussnamen in weiter Verbreitung vertreten ist (***Don, Donau,*** *Düna, Tana* usw., sogar in den Namen *Neptun, Poseidon*).

---

[71] Richard Fester: Die Eiszeit war ganz anders, S. 248

Diné	= Navajo (indianisch) >Volk (der Menschen)<, ihre Selbstbezeichnung
Na-Dené	eine indianische Sprach*familie* (s.u.)
Dan	ein Stamm + eine Stadt in Israel (> **Daniel**)
Dan	Stamm/Volk in West-Afrika
Tuatha Dé Dannan	das vorgeschichtliche >Volk der Göttin *Danu*< in Irland [72]
Danäer	für die >Griechen<
Dänemark	
Tunesien	Tunis, nach **Tannit**, der weiblichen Hauptgottheit Karthagos
stan	polnisch >Zustand, Stand; Staat<
-stan	**persisch** >Heimat von, Ort der< so z.B. in:
Pakistan	Afghanistan, Kasachstan, Belutschistan, Sistan, Turkestan, Usbekistan, Kirgisistan, Luristan (Lorestan, Iran), Chusistan, Dagestan, Tadschikistan, Turkmenistan, Rajasthan (in Indien) usw.
Lusitanien	eine historisches Reich in Portugal
Mauretanien	>Land der Mauren<, 2 römische Provinzen in Nordafrikas
Britannien	
Yucatan	Teil von Mexiko
	usw.

Nun findet sich eine vergleichbare Form an einer höchst bedeutsamen Stelle in der Besiedelung Amerikas. Bei der als zweite Besiedlungswelle geltenden ***Na-Dene*** ist dieses Wort bereits die Selbstbezeichnung und zwar mit der Bedeutung

[72] s. dazu z.B. Sylvia und Paul F. Botheroyd: Lexikon der keltischen Mythologie, *Tuatha Dé Dannan,* S. 413 f.

>Volk<. Bei den als amerikanischen Erstbesiedlern geltenden >Amerind< ist diese Wortform im Sinne von >Nachkomme< (>Ab**stamm**ender<) verbreitet:

T'ANA protoamerind >Kind<
nach Greenberg – Ruhlen [73] (**gekürzt**):

in den angenommenen Ausgangsformen

T'A'NA	>Kind, Geschwister<,
T'I'NA	>Sohn, Bruder, Knabe<
T'U'NA	>Tochter, Schwester, Mädchen<

T'A'NA		**Sprachen**:
t'a'na	>Kind<	Nootka
**tana*	>Tochter, Sohn<	Proto-Uto-Aztekisch
ta'in	>Kind<	Urubu-Kaapor
tayna	>erstgeborenes Kind<	Aymara
tawin	>Enkelkind<	Lengua
t'ána-t	>Enkelkind<	Totonac
tane	>Bruder	Yuchi
tane	>mein Sohn<	Pavishana
tani-mai	>jüngere **Schwester**<	Masaca
tuk-tan	>Kind, Knabe<	Miskito
tog-tan	>**Mädchen**<	Tibagi
dani-	>**Schwester** der Mutter<	Warrau

[Hervorhebungen CR]

[73] Joseph H. Greenberg & Merritt Ruhlen, in: Berthold Riese: Schrift und Sprache, S. 74 ff., S. 76 f.

T'I'NA

ten	>Sohn<	Tique
tin-gwa	>Sohn, Knabe<	Mocochi
t'inī-si	>Kind, Sohn, **Tochter**<	Yana
den	>Bruder<	Tehuelce
dēnu	>männliches Kind<	Yagua
'díínó	>Bruder<	Cuicatec
t^{s}*in*	>junger Mann<	Yurok
-'tsin	>männlich, Knabe<	Mohawk

T'U'NA

tune	>Nichte<	Coer d'Alene
tūne-	>Tochter<	Central Sierra Miwok
a-tune-sas	>Mädchen<	Morotoko
thaun	>Schwester<	Tehuelche
ton	>Tochter<	Tique
-tona	>Schwester<	Nonuya
-tóna	>jüngere Schwester<	Tacana
a-ton-kä	>jüngere Schwester<	Piokobyé
t^{s}*'one*	>Tochter, **Sohn**<	Yuchi
t^{s}*uh-ki*	>Schwester<	Cayapa
-t'út'ina	>ältere Schwester<	Taos

Greenberg & Ruhlen bieten diese Formen als ein ***zentrales* Kennzeichen** der von ihnen insbesondere *an diesem Beispiel* vorgestellten amerikanischen Super-Sprachfamilie >**Amerind**< (***Amer**ika* + ***Ind**ianisch*), die sich demnach also von den ersten Einwanderern in Amerika ableiten soll.

Bei der anderen großen amerikanischen Sprachfamilie *Na-Dene,* die sich - mit Ausnahme einzelner Ausläufer nach Süden (wie die Apachen und Navajos) - in Alaska und Nordwest-Kanada findet und als zweite Einwanderungsstufe gilt, findet sich **tan* nun in direkter Form für >Volk<:

Na-Dené	Wikipedia: *Na-Dené* (7.1.21, 08:56)
	(**Na* >Mensch<)
Ndee, Indé	Westliche Apachen >Volk<
Dinde, T'Inde, Didé	Jicarilla >Volk<
Tindi, Ndé, Indete	Lipan >Volk<
Diné	Navajo >Menschenvolk< = Selbstbezeichnung der Navajo

Dies könnte bedeuten, dass die *Na-Dene* zuerst noch in direkter Verbindung mit der mittelmesolithischen Ausbreitung der Völker-Bund-Konzeption (etwa in der Linie *Altai* – ***Tun****gusen*) standen und wohl auch, dass hier noch die Landverbindung nach Amerika bestand, was bis etwa 9.000 - 8.000 v. Chr. der Fall war (vgl. *Wikipedia: Beringia*). Dann hätte der dortige Landuntergang die *Na-Dene* weiter nach Amerika und diese die *Amerind* weiter in den Süden gedrängt (auch wenn der genetische Bestand insgesamt auf eine größere Komplexität deutet). Doch dürfte die überaus schnelle Ausbreitung bis zur Südspitze Südamerikas hiermit in Verbindung stehen.

Es ist nun die interessante Frage, ob dieser sprachliche Befund bedeuten könnte, dass sich der mittelmesolithische Völker-Recht-Bund zunächst auch (in guten Teilen) in Amerika verbreitet hat. Möglicherweise erklärt sich das >Na-Dene< (vielmehr) daraus, dass sich dort der Völker-Rechts-Bund am längsten hielt (weil er dort schon am frühesten aufgenommen worden war). Möglicherweise schufen auch die klimatischen Umbrüche, die vor allem in der Hitzeentwicklung in Mittelamerika zu Buche schlug, (in Verbindung mit der Neolithisierung) organisatorische Probleme, dass der Völker-Rechts-Bund dort in die verschiedensten >Stämme< auseinander fiel. Doch dürfte die Stämme-Konzeption über den Völker-Rechts-Bund nach Amerika vermittelt worden sein. So wäre jenseits der *Na-Dene* von dem ursprünglichen Völker-Rechts-Bund vor allem die Technik der >Ehe-Bünde< und des Produzierens gemeinsamer Nachkommen wirksam geblieben.

Ob die Formen *t'ana* >Kind< tatsächlich *direkter* mit TaNa und der mittelmesolithischen Völker-Bund-Konzeption in Verbindung stehen, ist beim Stand der Dinge kaum zu klären. Doch die sich im Norden vorfindbare Bildung **dene* >Volk< dürfte schon weniger Zufall sein. Da die Konzeption >Stamm< keine ursprüngliche ist, sondern die der Mesolithischen Revolution, die über die Völker-Bund-Konzeption eine rasche und weite Verbreitung fand, dürfte dort diese Wortform einen Anhalt für eine historische Verbindung darstellen. Ein praktisch *Na-Dene, ndee* (Apachen) entsprechendes *ntu* ist in Bantu (südliches Afrika) die Wurzel für >Mensch< (und wäre evtl. eine umgekehrte Zusammensetzung zu *TaNa* aus z.B. *Ta* >Erde< und *Na* >Mensch< (dt. in *nah,* lat. *nos* = dt. *uns, Ahn* usw.).

> „Überraschend sind die stilistischen und thematischen Ähnlichkeiten [*der Felskunst der Sammler in Tansania*] mit vergleichbaren Gruppen der >Sammler< in der Sahara, auch in Texas und Mexiko.“ [74]

Tatsächlich könnten die sich darstellenden Entsprechungen in der „Felsmalerei“ auf organisatorische Kontexte des damaligen Völker-Rechts-Bundes zurückgehen.

[74] Emmanuel Anati: Höhlenmalerei, S. 196

4.2.2.2.1 Übergeordnete Sprach-Zusammenhänge

In verschiedensten Hinsichten deuten sich Zusammenhänge auch zwischen den verschiedenen Sprachfamilien an, die linguistisch in verschiedenen Konzeptionen vorgestellt werden. Dazu zählen u.a. die von dem namhaften Sprachtaxonom Joseph Greenberg aufgestellte Konzeption des Eurasiatischen, die auf jeden Fall Indogermanisch, Uralisch und Altaisch umfasst, oder die zuerst 1903 von dem dänischen Linguisten Holger Pedersen noch umgreifendere Konzeption des Nostratischen als

> „gemeinsame Mutter des Indoeuropäischen, der drawidischen Sprachen Südindiens, der Kartwel-Sprachen des südlichen Kaukasus, der uralischen Familie (dazu gehören Finnisch und Samojedisch), der altaischen Sprachen (mit Türkisch und Mongolisch) sowie der afro-asiatischen Sprachfamilie, wozu Arabisch [*Semitisch*] und die Berbersprachen gehören". [75]

Interessant ist jedoch, dass auch bei einigen wichtigen spezielleren Sprach-Merkmalen der Nahe Osten ***geographisch*** im Zentrum steht, die dort selbst nicht anzutreffen sind.

Dies gilt z.B. für die Konzeption der >**Tonsprache**<. Sie wird als ein wichtiger Anhalt für ursprüngliche Sprach-Verwandtschaften genommen, etwa in dem Konzept von >Dene-Kaukasisch< mit etwaigen Verbindungen zum Chinesischen usw. Tatsächlich aber findet sich diese Konzeption auch in Afrika und (angeblich) sogar auch in („hinteren" = nahöstlich abgelegeneren) indogermanischen Sprachen wie Litauisch und Schwedisch. [76]

---

[75] Philip E. Ross, in: Berthold Riese: Schrift und Sprache, S. 44

[76] Wikipedia: Tonsprachen (7.01.21, 23:57). Dort auch eine Auflistung der Tonsprachen

Ein anderer Ansatz, der aus der neuen Sprachtechnik mit Vokabular folgte, sind Systeme an >**Klassifizierungen**<:

> „**Nominalklassen**
> Ein besonderes Merkmal der Bantusprachen ist die Einteilung der Nomina in so genannte Klassen. Dieses Merkmal teilen sie allerdings mit einer Vielzahl anderer Niger-Kongo-Sprachen und auch mit Sprachen ganz anderer genetischer Herkunft, z.B. kaukasischen, jenisseischen oder australischen Sprachen.“ (Wikipedia: Bantusprachen, 07.01.21, 23:59)

Zu diesen Klassen zählen u.a. ungeschlechtlich – geschlechtlich (männlich – weiblich), Mehrzahl. Dies wurde im Nahen Osten als Flexion weitergebildet, während Anderes in unsere Wörter (als zweite Silbe) selbst einging.

In einer anderen Form belegt sich die Klassifikation bei den Navajos, einer *Na Dene*-Sprache.

> „Eine andere Eigenart der Navajo-Sprache besteht darin, dass die Verben grammatisch der Form der betroffenen Objekte angepasst werden. Das heißt, die Verbformen unterscheiden sich, je nachdem ob es sich um ein langes, rohrförmiges oder um ein ausgedehntes, flächiges Objekt handelt.“ [77]

Als eine weitere Variante erscheint die Konzeption der >**Zählwörter**< (auch >Klassifikatoren< genannt), [78] die es u.a. im Japanischen, Chinesischen und Thai gibt. Um Mengen zum Ausdruck zu bringen, werden bestimmte Kategorien an >Zählwörtern< benutzt, so im Thai etwa >klumpenförmige Objekte< (wie Kekse, Steine), >Paare von Objekten< (wie Schuhe, Ohrringe), >scheibenförmige Objekte< (wie Amulette, Brotscheiben), >flache Objekte< (wie Scheiben, Papier) usw. (ebd.).

Insgesamt ist hier jedoch nicht der Ort, die sich hier andeutenden Zusammenhänge im Näheren weiterzuverfolgen. Hier nur noch Folgendes >>>

---

[77] John McCrone: Als der Affe sprechen lernte, S. 182

[78] s. dazu: Wikipedia: Liste der Thai-Zählwörter (07.01.21, 23:14:59)

4.2.2.2.2 Zur Ausbreitung der nahöstlichen Sprach-Entwicklungen am Beispiel Afrika

Einen wichtigen Anhalt für die Verbreitung der kulturellen und sprachlichen Impulse aus dem Nahen Osten bietet der Befund in **Afrika**, was vom Geographischen her hier im Besonderen als **Modell** gesehen werden kann.

Von den vier gemeinhin angenommenen afrikanischen Sprachfamilien scheinen nämlich drei hiervon historische Hauptwellen aus dem Nahen Osten zu repräsentieren, wozu zuletzt noch eine weitere spezifischere Welle, das Arabische, hinzukam. Nur die südlichste Sprachform, das Khoisan, repräsentiert eine ältere eigene Tradition (wenn auch nicht per se im ursprünglichen eiszeitlichen Ausgangsbestand).

Von diesen drei Hauptwellen zeigt die südlichste Sprachfamilie, das Niger-Kongo, Spuren der ältesten Welle am >Ende der Eiszeit<, demgegenüber die nördlichste, das Afroasiatische mit den weiteren spezifischeren Ausprägungen Semitisch und zuletzt noch spezifischer Arabisch die jüngsten.

Zwischen diesen beiden >Hauptwellen< wurde Afrika auch von der im Raum Jericho entwickelten spätmesolithischen **Ahnen-Kult-Kultur** überaus nachhaltig erreicht, was kulturell das besondere Gepräge der Geschichte Afrikas ergab.

Zwar existiert keine dieser früheren Wellen noch in Reinform, weder kulturell noch sprachlich. Die historischen Bezüge wirkten sich über die Länge der Zeit komplex aus. Dennoch haben sich diese Wellen in den Grundmustern als >Sprachfamilien< ausgeprägt. Das Analoge stellt sich vom Nahen Osten in Bezug auf das Eurasiatische und spezifischer das Indoeuropäische dar.

Mit dem **Nominalklassen-System**, dem Brauch der männlichen **Beschneidung** und dem **>Ubuntu<** im Niger-Kongo [79] dürfte sich etwas von dem mittelmesolithischen Völker-Rechts-*Bund* belegen.

> ***ntu*** steht in *Bantu* für >Mensch<. Diese Wurzel zeigt eine erstaunliche Ähnlichkeit mit Bildungen in den *Na-Dene*-Sprachen (s.o.) wie:
>
> | | |
> |---|---|
> | *Ndee, Indé* | Westliche Apachen >Volk< |
> | *Ndé, Indete* | Lipan >Volk< |
>
> Diese Formen zeigen sich entsprechend *Na-Dene* als zusammengesetzt, wo *Na* (*N) für >Mensch< steht. Es findet sich u.a. in diesem Sinn in den Selbstbezeichnungen *Ainu, Innu, Inuit* usw., bei uns in *Ahn*. Das zweite Element verknüpft sich mit *Ћ א wie *ta* für >Erde< und/oder >Stamm< (Gebiet; vgl. griech. *gē* >Erde< - dt. *Gau*).

Mit der **Ahnen-Kult-Kultur** und ihrer Sprachanlage in dem *Kultur*-Schema ***Perfekt – Imperfekt*** setzt sich mit dem Späten Mesolithikum dieser nahöstliche Einfluss weiter fort. Da sich damit weitere bedeutsame Anhalte verknüpfen, kommen wir in dem Abschnitt zum Späten Mesolithikum noch einmal kurz darauf zurück (→ 5.2).

Folgende Seite**: Ein **Überblick** über die sich andeutenden Verbindungen im Kontext des mittelmesolithischen **Völker-Rechts-Bund-Netzwerkes >>>

---

[79] *Ubuntu* „steht für >Menschlichkeit< und >Gemeinsinn<, aber auch für den Glauben an ein universales Band des Teilens, das alles Menschliche verbindet.“ (Wikipedia: Ubuntu [7.1.21, 09:14]). Dies ist wohl eine bereits paläolithische Auffassung. Auch wenn sich mit *Ubuntu* nach gängiger Auffassung eine etwas andere Etymologie verknüpft, erinnert es doch sehr an *Bund – Band* etwa aus dem Kontext des Völker-Rechts-Bundes.

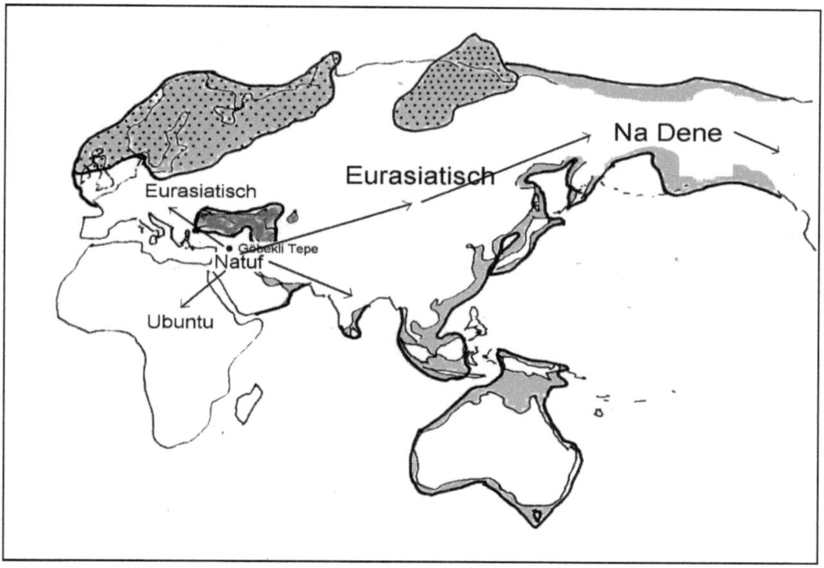

Zur Verbreitung des **Mebuntu** als der ersten historischen Sprachform als der Verkehrssprache im mittelmesolithischen Völker-Rechts-Bund, in der sich hierfür semantisch typische zweiteilige >Wortformen< wie *BaNa* (> *Band, Bund, bone*), *LaNa* (> *Leine, Lineage, Land*), *TaNa* >Stamm(esgebiet) usw. verbreiten. Mehr dazu in meinem Buch über das *Mebuntu.*

Mittleres Mesolithikum ca. 10.500 – 9.500 v. Chr.:

Völker-Rechts-Bund-Netzwerk mit Zentrum **Göbekli Tepe**

1 - Verbreitung der Rechts-Bund-Konzeption;
Megalith-Kult-Stätten zwecks Organisation;
2 - Ideen und Austausch bzgl. der Neuentwicklungen
3 - (a) Etablierung der organisatorischen Bezüge,
- (b) z.T. auch striktere Organisation aufgrund zunehmender Probleme, evtl. hier das Gesetz der allgemeinen männlichen Beschneidung; umgekehrt Distanzierungen wie insbesondere im >**Chinesischen**<; Ausprägung des **Eurasiatischen**

4.2.2.3 Zur Organisation des Völker-Rechts-Bundes

In der grundlegendsten Form ist der ethnologische Bestand der früher für primitiv gehaltenen Aborigines-Kultur ein wichtiger Bezug für ein Verständnis der mittelmesolithischen Organisation. Sie zeigt, was man auf dieser zeitlichen Stufe für ein ungeheuer ausgeklügeltes System zu entwickeln verstand, die in diesem Fall einen gesamten Kontinent umfasste und über Jahrtausende voll funktionsfähig war.

Wie sich dort, doch insgesamt vor allem mit Göbekli Tepe belegt, ist die Einrichtung bestimmter „**Kult-Orte**“, die ursprünglich in erster Linie so etwas wie unsere regionalen, nationalen und internationalen **Parlamente** waren. Sie waren die Treffpunkte der regionalen, nationalen und internationalen Vertreter der Bevölkerung, die für die jeweilige Koordination in dem Gesetz-Bund-Netzwerk sorgten. Dies war auch mit dem Erlass von Gesetzen, mit richterlichen Entscheidungen und exekutiven Aufgaben verbunden (womit man entscheidend über die paläolithischen Ausgangsformen hinausging).

Insgesamt deuten die Hinweise darauf, dass diese organisatorische Anlage gestuft aufgebaut war. Die Basis stellten die regionalen Parlamente mit den regionalen Vertretern, die in direkter Form auf die Koordination der Verbände und der kleineren Stämme-Ebene ausgerichtet waren. Diese Parlamente bestimmten auch Vertreter zu dem ihr übergeordneten, sozusagen „nationalen“ Parlament und dieses wiederum Vertreter für die großregionalen Parlamente. Es spricht einiges dafür, dass der sprachliche Bestand vor allem der Sprachfamilien und ihrer einzelnen („Territorial“-) Sprachen von dieser organisatorischen Struktur her resultiert.

Die ursprünglich letzte Ebene könnte Göbekli Tepe gestellt haben, doch auf dieser Ebene freilich eher nur in den ursprünglichen Impulsen des Aufbaus des Völker-Rechts-Bund-

Netzwerkes (Stufe 1) wie dann (Stufe 2) als Zentrum des Ideen-Austausches. Von hierher erklären sich manche Zusammenhänge zwischen den Sprachfamilien, wo sich noch ganz andere Verbindungen zeigen, als dies bislang unter den bisher anders begründeten Prämissen gesehen wird (z.B. → 4.2.2.2.2).

Von diesen Anfängen dürfte sich die Bedeutung von Göbekli Tepe erklären, die sicher auch konkreter in den Verbindungen des mittelmesolithischen Völker-Rechts-Bundes namentlich bekannter war. Diese Bedeutung wirkte auch in Teilen nach, als in den nachfolgenden Krisen ab der Stufe 3 des Mittleren Mesolithikums bzgl. dieser Organisation Ambivalenzen aufkamen. Der erst nachfolgende Bau der mächtigen spätmesolithischen Kult-Anlage von Göbekli Tepe macht dies in seinem ungeheueren Aufwand deutlich.

> „[...] um Göbekli Tepe zu errichten, mussten Tausende Menschen unterschiedlicher Gruppen und Stämme über lange Zeiträume hinweg zusammenarbeiten." (Harari: 118)

Wie schon gesagt, so erklärt sich die weite Verbreitung des mittelmesolithischen Völker-Rechts-Bundes ausschließlich durch das entsprechend verbreitete Interesse an dieser Konzeption. Es kann ausschließlich in einer einigermaßen freien und demokratischen Form aufgenommen und zuerst auch betrieben worden sein. Natürlich bestanden sicher auch häufiger wie schon im Nahen Osten ausgeprägtere Notstandsprobleme, dass manche Verbände in eine autoritäre Struktur geraten waren. Auch ist es möglich, dass die sich erst später andeutenden Disflikte in Teilen schon einen etwas älteren Hintergrund hatten. Denn sicher ließ sich der Völker-Rechts-Bund zunächst nur da einführen, wo er keinen Widerstand fand. Das sollte sich jedoch mit der Zeit ändern.

Angesichts der bereits im Mittleren Mesolithikum aufkommenden Entwicklungen ist es bei allen Unklarheiten im Einzelnen von Bedeutung, die erste Ära des Völker-Rechts-Bundes mit Stufe 1 und 2 von der Ära des späten Mittleren Mesolithikums mit ihrer Stufe 3 (evtl. mit einer weiteren Unterteilung in

A und B → S. 113) zu unterscheiden. Denn es kommen auf der Stufe 3 problematische Tendenzen auf, was auch dazu führte, diesen Völker-Rechts-Bund in Frage zu stellen oder aus dem übergeordneten Verbund auszuscheiden, was von dem sprachlichen Befund etwa für das Chinesische gegolten haben dürfte.

Insofern haben die Befunde dieses Völker-Rechts-Bundes durchaus zwei Seiten. Die positive Seite mit dem großen Engagement ist den Anfängen zuzuordnen, denn wie gesagt lässt sich die weite Verbreitung dieser Konzeption nicht anders erklären. Die Idee war auch zweifelsohne gut, und deswegen erreichte sie auch eine solche Reichweite. Doch dürfen die guten Absichten und auch Ansätze nicht über die problematischen Entwicklungen hinwegtäuschen, die sie in Teilen nahmen und die auch weitere historische Konsequenzen zeitigten. Das gilt etwa auch für die Konzeption der Aborigines. Diese zwei Seiten müssen in dem Befund zeitlich und von der Sache her unterschieden werden.

Sicher haben diese problematischen Entwicklungen zu autoritär-manipulativen Strukturen in der Stufe 3 auch weitere Verschärfungen in den immer noch bestehenden Klima-Umbrüchen einen Grund. Es könnte auch sein, dass die sich hinter den Entwicklungen der Stufe 3 andeutenden Konflikte von Anfang bestanden und auf der Stufe 2 keine Lösung fanden, was dann erst auf Stufe 3 von allgemeinerem Effekt wurde.

Es ist jedoch nicht unwahrscheinlich, dass etliche Probleme daraus entstanden, dass die Völker-Rechts-Bund-Organisation mit ihrer Etablierung doch wieder aus sich selbst heraus Macht-Probleme entwickelte. Es ist bestens möglich, dass auf Stufe 3 das entstandene Macht-Potential mit den besten Absichten eingesetzt wurde, die „noch bestehenden Probleme“ an Widerständen und Konflikten „ein für allemal“ durch eine gewaltsame Eingliederung in diesen Völker-Rechts-Bund zu lösen. In Teilen wird man die Gründe durchaus verstehen können – doch hatte diese Entwicklung recht zweifelhafte Folgen.

Zur männlichen Beschneidung

Ein wichtiger Anhalt für die Verbreitung des mittelmesolithischen Völker-Rechts-Bundes ist auch der Sachverhalt der **männlichen Beschneidung**, der sich auch in Australien belegt. Der historisch älteste Beleg hierfür ist eine auf dem Göbekli Tepe gefundene archaische Plastik – so würde ich auf jeden Fall die Darstellung dieser Plastik deuten. Es wäre möglich, dass sich der Ursprung dieser Sitte zuerst als Initiation zu einer leitenden Funktion in der Völker-Rechts-Bund-Organisation erklärt, weswegen sie dort keine *allgemeine* Verbreitung gehabt hätte. Die Ausweitung dieser Sitte zur allgemeinen männlichen Beschneidung bringe ich mit der Stufe 3 des Mittleren Mesolithikums in Verbindung, die aufgrund weiterer Verschärfungen durch die Naturumbrüche und dadurch aufbrechende Konflikte von einer nunmehr autoritären Anlage geprägt ist (so auch in Australien). Es wirft hier schon ein Licht auf die nahöstliche Entwicklung, dass das Phänomen der männlichen Beschneidung nur südwärts von Göbekli Tepe bis über ganz Afrika in Erscheinung tritt.

Nachzeichnung, vgl. weiter die Zeichnungen in:

Klaus Schmidt: Sie bauten die ersten Tempel, S. 99

Ein Phänomen, an der sich diese Entwicklung festmachen lässt, sind die ethnologisch überlieferten Systeme der Initiationen jenseits der ursprünglichen Jugend-Initiation, die auf nichts als eine kulturell aufgeklärte und mündige Erwachsenheit zielte. [80] Zunächst einmal werden diese historisch neuartigen Initiationen die >parlamentarischen Vertreter< betroffen haben. Je mehr die Organisation Konsequenzen für das Sozialleben annahm, desto mehr wird sowohl von der Basis als auch von den höheren organisatorischen Ebenen ein Interesse entstanden sein zu sichern, dass die Vertreter für die optimale Vertretung dieser Interessen und der parlamentarischen und richterlichen Beschlüsse sorgten. Das war mit einer zunehmenden Institutionalisierung verbunden.

Das Initiations-System bei den Aborigines war von langen Prüfungen wie von harten Prozeduren geprägt. [81] Es wäre sehr gut möglich, dass der Brauch der männlichen Beschneidung als die erste Form der Initiation zu einem Amt in dem Völker-Rechts-Bund entstanden war, wie es sich im Alten Ägypten als Initiation zu einem Priester-Amt belegt. Dieses Initiations-System hätte sich dann in der weiteren Entwicklung – genau wie in unserer Verwaltung - je nach Amt und Verantwortung hierarchisch differenziert.

Es ist nicht per se besagt, dass die problematischen Entwicklungen überall im Bereich des mittelmesolithischen Völker-Rechts-Bundes aufkamen. Im Norden, der nicht so negativ von den geologischen Umbrüchen betroffen war, deutet sich insgesamt mehr an erhaltener Freiheit an.

Doch müssen die problematischen Entwicklungen insgesamt eine Rolle gespielt haben. Wie schon erwähnt, deutet die Art des >Chinesischen< darauf, dass dort der Völker-Rechts-Bund

[80] s. dazu etwa mein Buch >Die Humanevolution war ganz anders<, Kap. 7

[81] Man beachte den beachtlichen Narben-Komplex zur Kennzeichnung eines >munnumburra<, also eines Voll-Initiierten als eine der obersten Autoritätspersonen dieses System: Jeff Doring: Gwion Gwion, S. 229, mit Foto

grundlegender nur auf Stufe 2 wirksam war – offenbar hat sich diese Region angesichts der problematischen Weiterentwicklungen wieder selbständig gemacht. Auch im Nahen Osten scheint es bei dem Völker-Rechts-Bund in Verbindung mit der Stufe 3 zu einer Krise gekommen zu sein. Die Einzelheiten sind bislang unklar. Doch der Bau der mächtigen Anlage auf dem Göbekli Tepe stellt sich als eine *Reaktion* auf solch eine Krise dar (s.u.).

Die Ausweitung der männlichen Beschneidung zu einer allgemeinen männlichen Jugend-Initiation ist Ausdruck der zunehmenden Disflikte und Verschärfungen, was sich gegenseitig gesteigert haben dürfte. Sie ist auf jeden Fall Bestandteil des neuen Disflikts zwischen dem Norden und dem Süden von Göbekli Tepe auf der Stufe 3. Er wird auch durch den Bau der Megalith-Anlage von Göbekli Tepe nicht völlig überwunden, dass es wohl ab 8800 v. Chr. zum Niedergang von Göbekli Tepe und um 8000 v. Chr. zu der Spaltung zwischen dem später Indoeuropäischen (= Indogermanischen) und dem später Semitisch-Afroasiatischen kommt (s.u.).

Die Ausweitung der männlichen Beschneidung ist umgekehrt gegen die zunehmenden Widerstände und Ansätze der Abspaltungen gerichtet. Es geht hier nicht nur um einen schmerzhaften Akt. Vielmehr ist diese Beschneidung Bestandteil einer völlig neuartigen Art an Jugend-Initiation, die den ursprünglichen Sinn der humanevolutionär entwickelten Jugend-Initiation völlig auf den Kopf stellt. Geht es bei der ursprünglichen Jugend-Initiation um die Individuation in Ablösung von dem kindlichen Es und Über-Ich, so geht es bei der neuen Form der Jugend-Initiation genau umgekehrt darum, das in der Organisation verkörperte Über-Ich nunmehr definitiv in der Persönlichkeit zu verankern, wodurch ein heteronomes Bewusstsein entsteht (s. Gehorsamsbereitschaft > Milgram).

Im Prinzip ist die Zugehörigkeit etwa zu einem Stamm mesolithisch schon durch die Geburt bestimmt und geklärt. Interessant ist, dass hier nun diese Zugehörigkeit männlicherseits durch die Beschneidung „aktiv“ bestätigt werden muss. Andernfalls wäre er >outlaw< geworden und im günstigsten Fall vertrieben worden. So galt bei den Ngarinyin-Aborigines:

> „Ein Mann mit Vorhaut gehört nicht zum Gesetz." [82]

> „Er ist jetzt im *Wunan*
> Er hat sein Blut auf die Erde vergossen, der junge Bursche
> So ist das *Wunan,* niemand steht außerhalb des *Wunan*
> wenn er sein Blut vergossen hat, dann gehört er den Rest seines Lebens dazu
> der junge Bursche kann das nicht mehr ändern ... die Initiation gilt für immer.
> Darum geht es bei der Initiation
> die rettet das junge Leben ... durch das Verstehen von Kultur." [83]

In gewisser Weise ist die Beschneidung ein Bekenntnis zu dem Völker-Rechts-Bund. Doch wird sie hier zu einem Zeitpunkt durchgeführt, wo die Voraussetzung für ein Bekenntnis sowohl in der Persönlichkeit als auch in dem Wissen über den Inhalt dieser Entscheidung noch gar nicht vorhanden ist. M.E. deutet dies darauf, dass hier dieser Völker-Rechts-Bund auf der Stufe 3 nur durch Macht und Manipulation gegen entsprechende Widerstände durchgesetzt bzw. aufrecht gehalten werden konnte.

Tatsächlich zeigt sich hier die gesamte Anlage dieses Initiations-Systems als Manipulation, wenn hier noch nicht zwecks Ausbeutung, sondern zwecks einer durchaus sozial gedachten Sozialorganisation. Das zeigt, wie hoch hier inzwischen das soziale Chaos und die Unfähigkeit zu einer hinreichenden Kommunikation in der Basis der Bevölkerung gelegen haben müssen. Auch die Funktion der ursprünglichen Mythologie wird hierbei auf den Kopf gestellt. Dient ursprünglich etwa die Geschichte vom >Osterhasen< dazu, dem Kleinkind ihm

---

[82] Jeff Doring: Gwion Gwion, S. 223

[83] Nyawarra und Banggal in: Jeff Doring: Gwion Gwion, S. 231. In dem Buch steht hier: „damit es die Kultur versteht", im englischen Original „to understand culture" (ebd.)

gemäß etwas vom Leben zu vermitteln, so werden hier nun die kindlichen Verstehensprobleme genutzt, um seine neuartigen „Geister“-Kulte zu installieren. Jede Stufe einer >Initiation< ist mit einer Fülle von >Wissen< besetzt. Die neuartigen Formen von Felsmalerei haben hierbei eine Funktion. Dies enthält auch brauchbare Informationen, aber in Wirklichkeit nur die für den jeweiligen *sozialen Rang* vorgesehenen. Wer sich im Sinne dieses Systems bewährt, wird Kandidat für die nächste Stufe an Initiation. Von dem tatsächlichen System weiß niemand etwas, außer denen, die darüber auf der obersten Stufe aufgeklärt werden. Doch auch da sind das Amt und der Überblick ganz gezielt beschränkt. So konnte niemand an diesem System etwas ändern, was auch die Absicht war – bis es aus den Fugen geriet oder von einer überlegenen Macht aus den Angeln gehoben wurde. Dazu musste man später nur die Voll-Initiierten >liquidieren<.

Die neuartigen >Geister-Kulte< sind eine Ausdrucksform der hier angelegten Formen der Geheimorganisation, die bei sozialen Problemen für >Recht & Ordnung< sorgt. Denn den Nicht-Voll-Initiierten war hier gar nicht bekannt, dass es überhaupt eine explizite Sozialorganisation gab. Es treten hier gemeinhin keine >Personen< als Exekutive dieser Sozialorganisation in Erscheinung. Bestimmte Maßnahmen werden bei passender Gelegenheit durch die >Geister< durchgeführt. Tatsächlich steht das Aufkommen der >Geister-Kulte<, die sich ethnologisch oder aber auch in entsprechenden Darstellungen von Felsmalereien belegen, mit diesen Entwicklungen an Organisation in Verbindung.

> „So wurde dem Wunan durch die Einführung der Todesstrafe Macht verliehen […].“ [84]

---

[84] Jeff Doring: Gwion Gwion, S. 167

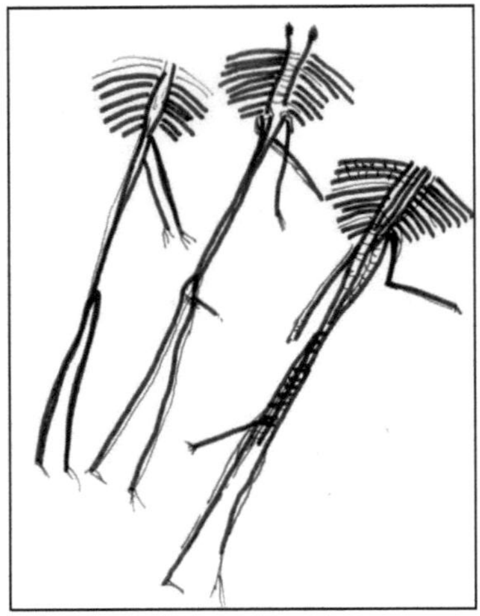

Felsmalereien und Geister-Darstellungen

Nachzeichnungen: *links* ***Australien****: ein Mimi*-Geister-*Paar, die rechte Figur ist weiblich (Anati S. 373). Vgl. dazu rechts die Felszeichnung in* ***Tansania*** *(Anati S. 193). Auch die „Rundköpfe" (linke Figur linkes Bild) finden sich in Afrika, z.B. in der* ***Sahara****.*

Diese Darstellungen und Stilformen können durchaus als sehr spezifisch gesehen werden. Sie sind weder in Stil noch in den Inhalten paläolithischer Art. [85] *Die zudem betonten Kopf-Darstellungen dürften durchaus konzeptionell motiviert sein, dass ihre Entsprechungen nicht per se als Zufall abgetan werden sollten. Sie könnten einen Status kennzeichnen, und es ließe sich an maskenartige Vermummungen etwa aus Strohbüscheln denken, wie sie vielfältig bekannt sind. Diese* Techniken *dienten genau wie die neuartige* >Geister<-*Mythologie und >Felskunst< der sozialen >Steuerung<.*

[85] In Australien kommt ab 10.000 der neue „Sydney-Stil" auf, so: Emmanuel Anati: Höhlenmalerei, S. 396

5 Die mesolithische Krise

Das Aufkommen des Späten Mesolithikums im Nahen Osten steht mit einer grundlegenden Krise des mittelmesolithischen Völker-Rechts-Bundes in Verbindung. Möglicherweise sind die Entwicklungen, die eben als Stufe 3 des Mittleren Mesolithikums beschrieben wurden, *jenseits* des Nahen Ostens *zeitlich* eher dem Späten Mesolithikum zuzurechnen, das mit einem neuen klimatischen Umschlag um 9.600 v. Chr. aufkommt. Doch wenn hier auch in Bezug auf viele Einzelheiten noch recht grundlegende Unklarheiten bestehen, so sind die Prozesse des Späten Mesolithikums gegenüber dem Mittleren Mesolithikum wie umgekehrt auch gegenüber dem tatsächlichen Neolithikum insgesamt deutlich zu unterscheiden.

Ursache für das Aufkommen der neuen Ära des Späten Mesolithikums sind wiederum neue Umbrüche in der Natur. Mit dem Beginn des Holozäns um 9.600 v. Chr. war diese Problematik noch gar nicht vorbei. Unter den längst entstandenen Voraussetzungen im Nahen Osten beginnt sie jetzt überhaupt erst wirklich, nämlich in der neuen Hitze-Entwicklung, mit der sich nun auch die dortigen Wüsten wieder ausdehnen.

Die Aggressionsthematik auf einem Pfeiler von Göbekli Tepe , s. S. 145

5.1 Das Späte Mesolithikum

In der herkömmlichen archäologischen Auffassung wird diese neue Phase bereits dem Neolithikum zugerechnet („prä-keramisches Neolithikum“ = **P**re-**P**ottery **N**eolithic = PPN). Tatsächlich liegen hier die *Anfänge* der *systematischen* Nahrungsproduktion – allerdings erstens *erst* hier nach bereits zwei wichtigen Stufen des Mesolithikums und zweitens aus insgesamt gänzlich anderen Gründen, als in dem alten Geschichtsmodell vorgestellt.

Doch kulturell und weltanschaulich liegen zwischen dem, was gemeinhin schon mit >neolithisch< bezeichnet wird, und dieser Ära Welten. Mit der Absicht einer Entwicklung von >Fortschritt< hat diese Ära nichts zu tun. Das blanke Gegenteil ist der Fall. Die Entwicklung der Ahnen-Kult-Kultur und der aufwendige Bau der Kult-Anlage auf dem Göbekli Tepe erklären sich daraus, dass man angesichts der nun noch schwierigeren Krisen-Probleme im Nahen Osten noch erheblich mehr als im Mittleren Mesolithikum Aufwand betreiben musste, um einen stabilen Status Quo zu erreichen.

Es ist vor allem diese Ära, in der in Teilen des Nahen Ostens das Versorgungsproblem gravierend wird. Wir hatten schon gesehen (→ 2.2):

> „In den Skeletten finden sich Indizien für Minderversorgung, womöglich durch Vitamin- und Eiweißmangel oder schlichten Hunger. Und die Menschen schrumpften. >Wir sehen eine drastische Reduktion der Körpergröße<, sagt der Paläoanthropologe Jean-Jacques Hubling vom Leipziger Max-Planck-Institut für evolutionäre Anthropologie. >In der Übergangsphase waren die Leute schlecht ernährt.<“ [86]

---

[86] Ulrich Bahnsen, Der Treck nach Westen, in: Die *Zeit* Nr. 30, 20. Juli 2006, S. 25 f.

Der nun beginnende Bau der mächtigen Anlage auf dem Göbekli Tepe ist (mitsamt seiner ausgeprägten Aggressionssymbolik) Ausdruck des vorausgehend entstandenen Chaos-Problems im Nahen Osten. Ob hier schon auf Stufe 3 des Mittleren Mesolithikums der Versuch aufkam, angesichts der zunehmenden Streitigkeiten bei den zunehmenden Versorgungs-Problemen die Autorität der Völker-Rechts-Bund-Organisation mit der Durchführung einer allgemeinen männlichen Beschneidung zu sichern, muss bei dem Stand der Forschung dahingestellt bleiben. Diese Erklärung böte immerhin einen klaren Grund dafür, dass diese Organisation auf der Stufe 3 im Mittleren Mesolithikum (erst recht) in eine Krise stürzte und eine Ära später dann auch endgültig im Nahen Osten scheiterte. Der Brauch der männlichen Beschneidung etablierte sich nur südlich von Göbekli Tepe – jedoch auch über Afrika.

Diese organisatorische Krise warf nun aber erst recht Versorgungs-Probleme auf, und die Kämpfe konnten hier noch weniger als früher ein Ziel erreichen. Es gab im Raum Göbekli Tepe keine Alternative zu einer handfesten Organisation bzgl. der Versorgung und dem *Ausschalten* kriegerischer Kämpfe. Offenbar ließ sich den entstandenen Problemen nicht anders Herr werden, als seine Organisation (vermutlich aber mit Verzicht auf eine allgemeine männliche Beschneidung) auf eine gänzlich andere Basis als bisher zu stellen.

Der Bau der Anlage auf dem Göbekli Tepe ist dafür Ausdruck. Das ist ein Stück weit in Parallele zu dem Aufkommen des Baus der Gotischen Kirchen und wohl auch der Pyramiden und der großen Megalith-Anlagen zu sehen: statt die vorhandenen Energien repressiv zu unterdrücken oder in Kämpfen zu verbrauchen, werden sie für den Bau einer seine >Kultur< repräsentierende imposante Kult-Anlage gesteckt. Mit dem gigantischen Aufwand für diesen Bau werden die zunächst disfliktträchtigen Energien in Arbeit, materielle Ziele und Belohnungen umgeleitet, woraus eine ökonomische Entwicklung und Prosperität entsteht. Exakt darin wird Göbekli Tepe auch zu der Begründung der zivilisatorischen Kultur, wenngleich erst die Neolithische Revolution diesen Ansatz auf einer notwendig gewordenen neuen sozialen und weltanschaulichen Grundlage entfalten kann.

Insofern betrachtet erreicht der organisatorische Komplex von Göbekli Tepe bei dem Bau der gewaltigen Anlage den endgültigen Gipfel der Mesolithischen Revolution. Ohne diese >Höhe< wäre die Menschheit bei dem erreichten Stand wahrscheinlich in einer autoritären Form der Aborigines-Kultur oder gar mit der neolithischen Erweiterung in einem Zustand von in permanenten Disflikten lebenden Dörfern a la Papua-Neuguinea geendet. Doch mit der Höhe der neuen Organisation von Göbekli Tepe entsteht eine menschheitsgeschichtlich entscheidend neue Dimension an kulturellem Potential, das alles Andere als irgendwie selbstredend – und organisch war.

Denn Vorsicht! Von dieser Bedeutung von Göbekli Tepe für die Entstehung der zivilisatorischen Kultur kann man leicht zu einer Fehleinschätzung der dortigen Entwicklung und der damaligen Ära kommen, wenn man, wie in dem gängigen Geschichtsmodell, allein den materiellen und technischen Befund der damaligen Entwicklung nimmt und die damit verbundenen menschlich-sozialen Konsequenzen übergeht. So ist auch das 3. Reich nicht allein in dem Bau von Autobahnen und einem technischen Fortschritt wie der V-Raketen zu begreifen. Mitnichten bestand der Alte Orient in dem allgemeinen Schritt von Lehmhütten zu Palästen.

Erheblich klarer tritt der tatsächliche Charakter der spätmesolithischen Entwicklung in dem Aufkommen der Ahnen-Kult-Kultur im Raum Jericho heraus. Deswegen soll hier zuerst ein Blick darauf geworfen werden. Dies ist auch mit sehr bestimmten sprachlichen Entwicklungen verbunden, die deutliche Aufschlüsse und Anhalte für die damaligen Prozesse bieten.

„Die Sesshaftigkeit erwies sich jedoch als unumkehrbarer Schritt und führte zu einer radikalen Wandlung der gesellschaftlichen Struktur. Sie stellt die erste Stufe einer tief greifenden Veränderung aller Aspekte des menschlichen Lebens dar, die sich als >Neolithisierung< bezeichnen lässt.“ [87]

„Sicher ist, dass mit der Sesshaftwerdung eine rasche Zunahme der Bevölkerung einsetzte [...].“ [88]

> „Nachdem die Menschen sesshaft geworden waren, konnten Frauen jedes Jahr ein Kind zur Welt bringen [*was jedoch nicht aus der Sesshaftigkeit an sich folgt*!]. Babys wurden eher abgestillt, an die Stelle der Muttermilch traten Haferschleim und Getreidebreie. Die zusätzlichen Hände wurden dringend auf dem Acker gebraucht. Doch die zusätzlichen Münder aßen allen Überschuss schnell auf und verlangten nach mehr. So kam es, dass die Kinder im Durchschnitt schlechter dran waren als zuvor. Da die Menschen in schmutzigen und verkeimten Siedlungen lebten, die Kinder mehr Getreide und weniger Muttermilch bekamen und jedes Kind mit immer mehr Geschwistern um den Haferschleim konkurrierte, schoss die Kindersterblichkeit in die Höhe. In den bäuerlichen Gesellschaften starb mindestens jedes dritte Kind vor Erreichen des zwanzigsten Lebensjahres. Doch die Zahl der Geburten nahm immer noch schneller zu als die der Sterbefälle, weshalb die Menschen immer mehr und immer elendere Kinder hatten. [...] Die Kinder starben wie die Fliegen.“
>
> (Harari: 111 f.)

Tatsächlich ist die gesteigerte Nachwuchs-Produktion (wie heute in der 3. Welt) Ausdruck einer Notstands-Problematik, die sich in der Ahnen-Kult-Tradition und dann auch in der neolithischen Auffassung ideologisch verselbständigt...

---

[87] Annie Caubet & Patrick Pouyssegur: Der Alte Orient, S. 22

[88] Fischer Weltgeschichte Band 2, S. 23; s. auch: Lewis Mumford: Mythos der Maschine, S. 171

5.2 Die Ahnen-Kult-Kultur

Deutlicher als im Norden tritt die nahöstliche Krise des mittelmesolithischen Völker-Rechts-Bund-Netzwerkes zuerst im Raum Jericho zu Tage. Dort kommt es mit menschheitsgeschichtlicher Bedeutung zu der neuartigen Entwicklung der Ahnen-Kult-Kultur, die sich weit über die Welt verbreitet.

Der Grund für die spätmesolithische Entwicklung der Ahnen-Kult-Kultur waren anscheinend die dort aufkommenden territorialen Probleme, die mit der Ausweitung der Wüste aufgrund der dortigen Hitzeentwicklung nach dem >Ende der Eiszeit< entstanden.

> „Innerhalb des begrenzten, von den Natufiern besiedelten Gebiets führten Bevölkerungswachstum und sich verschlechternde klimatische Bedingungen – für beides gibt es sichere Belege – zu einem dauernden Druck. [...]
> Die vollständige Abwanderung aus den meisten Natufsiedlungen in Palästina außer Nahal Oren und Jericho wird von Fachleuten als Folge der sich verschlechternden klimatischen und damit auch der wirtschaftlichen Umstände angesehen. Wegen der zunehmenden Trockenheit wichen die Waldgebiete und ihre Tierwelt langsam nach Norden [*also Richtung Göbekli Tepe*] zurück. Vermutlich folgte ihnen ein großer Teil der Natufbevölkerung.“ [89]

Die Entwicklungen der Ahnen-Kult-Kultur im Raum Jericho erklären sich damit, dass dort die organisatorischen Möglichkeiten des Rechts-Bundes nicht mehr zureichten. Hier mussten

---

[89] James Mellaart, in: Leone Fasani: Die illustrierte Weltgeschichte der Archäologie, S. 366 - 369

sich nun die Verbände auf eigene Faust durchsetzen. So wird der Brauch, seine Toten neben seinen und dann auch in seinen Häusern zu beerdigen, als die Grabstätten seiner >Ahnen< zum Anhalt an seine Ansprüche an dauerhaften Besitz, auch bei zeitweiligem Verlassen bei einer Nahrungssuche in größerer Ferne. Dies wird hier etwa durch die Aufstellung von Schädeln zum Ausdruck gebracht und markiert.

> „Auch ein weiteres kultisches Verhalten entsteht in der Epoche: der >Schädelkult<, bei dem man nach der Bestattung die Schädel bestimmter Individuen wieder ausgräbt, sie eine Zeitlang in der Behausung aufstellt und dann in einer gemeinsamen Zeremonie erneut beisetzt. Diese für Jericho belegte Praxis bezeugt das Aufkommen eines Ahnenkultes, der die territoriale Bindung der Familiengruppe bestätigt, diese festigt und ihre Beständigkeit sichern soll.“ [90]

Die Ansprüche an Gebiet sind in der Ausdehnung gering, aber sie werden hier **definitiv**. Damit wird der größtmögliche Rückzug einer Existenz aufgenommen, aber auch das Maß erreicht, wo es keine Verhandlungsmöglichkeit mehr gibt. In dem hier historisch erstmalig aufkommenden Toten-Kult werden die Toten und Grabstätten (in Übernahme der Idee der Megalith-Stätten) >heilig< = >Tabu<: jeglicher Disposition entzogen.

Diese zuerst im Raum Jericho bekannte Entwicklung der Ahnen-Kult-Kultur verbreitete sich auch über Afrika, wo sie sich mit typischen spezifischen Merkmalen (s.u. auch in der Sprache) bis in die jüngste Zeit erhaltenen hat. Dazu hier in knappen Auszügen [*Sasa* meint die Gegenwart in einem weiten Sinn, s.u.]:

> „Nach dem körperlichen Tod existiert der einzelne in der Sasaperiode weiter, ohne sofort aus ihr zu entschwinden. […] Solange man jedoch des Verstorbenen und seines Namens gedenkt, ist er nicht wirklich tot. […] Solange man die

[90] Annie Caubet & Patrick Pouyssegur: Der Alte Orient, S. 24

Totenseele so in Erinnerung behält, befindet sie sich im Stande persönlicher Unsterblichkeit. Ein äußeres Zeichen dieser persönlichen Unsterblichkeit ist die physische Fortdauer des Individuums durch Zeugung, welche bewirkt, dass die Kinder die Züge ihrer Eltern oder Vorfahren tragen.[91] Die Hinterbliebenen verleihen der persönlichen Unsterblichkeit durch verschiedene Handlungen Ausdruck, indem sie z.B. den Verstorbenen mit Ehrerbietung begegnen, ihnen Speisen darbieten und Trankopfer ausgießen und die zu ihren Lebzeiten oder beim späteren Wiedererscheinen von ihnen gegebenen Anweisungen befolgen. [...]

Die Scholle ist der Wurzelgrund ihrer Existenz und gleichzeitig das mystische Band, das Leben und Verstorbene eint. Die Afrikaner wandeln auf den Gräbern ihrer Väter, und eine Lösung des mystischen Bandes zur Totenwelt würde Unglück über ihre Familie und das Leben der Gemeinschaft bringen.“ [92]

Mit dem >Heilig< seiner Grabstätten hat sich ein ganzer Komplex an Wörtern, Bräuchen und Weltanschauung überliefert. Von dort her stammt auch der Begriff des >Heiligen Landes<. Das dem zugrunde liegende Wort wie hebräisch *qadasch* verknüpft sich mit bezeichnenden kultischen Kontexten (s. die Auflistung nächste Seite), in denen auch Übergänge zum Neolithikum zu sehen sind (Fruchtbarkeits-Götter-Kult). Dabei zeigt sich, dass es sich um eine Umdeutung der eiszeitlichen Mond-Mutter-Symbolik handelt (was hier allerdings nicht näher ausgeführt werden kann).

---

[91] Anmerkung CR: So stammt auch unser Wort *Enkel* als Verkleinerungsform von *Ahn,* so Duden Herkunftswörterbuch: Enkel

[92] John S. Mbiti: Afrikanische Religion und Weltanschauung, S. 32 - 35

Hades

chadasch חדש hebräisch >neu<, >erneuern<, davon:
chodesch hebräisch >Neumond<, als Fest gefeiert

qadasch קדש hebräisch die Wortwurzel für >heilig<, so
qadasch hebräisch >rein, geheiligt (von den Kriegern); durch Blutbesprengung; dem Heiligtum [*Tempel*, *Kult*] verfallen<
qiþus gotisch >Bauch, Mutterleib< (Duden 7 > **Quaddel**)
qadesch hebräisch für die >Tempeldiener< (m und fem.) (= „Tempelprostituierte")
Kadesch altägypt. „Göttin des Liebeslebens"
gadisch גדיש hebräisch 1. >Garbenhaufe<, 2. >Grabhügel<
gadusi Cherokee (indianisch) >Hügel< [*weder ursprachlich noch sicher Zufall*!]

wohl ursprünglich aus Kultstätten in Ortsnamen:

Qedesch (3 x im alten Israel)
Qart Ḥadašt (Wikipedia >) **Karthago**, *Qart* >Stadt<
Ḳarti-ḫadasti keilschriftlich für eine Stadt auf Zypern (Gesenius, קרת)
Cadiz in Spanien als phönizische Gründung

kēdos griech. >Sorge; Trauer; Leichenbestattung< *
hatis gotisch = aengl. *hete*, schwed. *hat* = *
Hass [* nach: Duden 7, *Hass*]
– bezeichnende Bedeutungsentwicklung, vgl. die Parallelen *Alp - Albe, Elfe*) und *Mahr* (- *Mutter*)

Auszug aus K.3.4.4.3 >(Grab)Kammer, Haus< in Band 2 b meines Werkes *Cûl Tura*

Nachzeichnungen:
Plastik aus Jericho, 7. Jt. v. Chr. [93]

rechts: Plastik aus 'Ain Ghazal, ebenfalls Jordanien, (7. Jt. v. Chr.) „Die Statuette war möglicherweise die >Muttergöttin< eines Dorfes."
(ebd. S. 37)

Die Plastik aus 'Ain Ghazal weist auffällige Ähnlichkeiten zu der obigen Plastik aus Jericho auf, nämlich Stupsnase und einen unrealistisch kleinen Mund. Solche Merkmale, wie in 'Ain Ghazal mit Brüsten versehen, weisen die „Fruchtbarkeitspuppen" Akua'ba *der Ashanti in Ghana auf, die von jungen Frauen getragen werden.* [94] *Die Bezeichnung* >Akua'ba< *lässt sich etwa mit span.* cueva *und hebräisch* Chawwah >Eva< *in Verbindung bringen. Der Ausdruck dieser Figur ließe sich als Verschränkung von Autoritarismus und Kindlichem als Mutter-Komplex deuten.*

---

[93] in: Göran Burenhult: Illustrierte Geschichte der Menschheit II, S. 21

[94] S. z.B. in: M. Trowell & H. Nevermann: Afrika und Ozeanien, S. 92

5.2.1 Die Kultur-Konzeption *Perfekt - Imperfekt*

Mit der sprachlichen Konzeption einer Grammatik aus >Perfekt – Imperfekt< bieten sich inhaltliche, geographische und ethnologische Anhalte in der Verbindung zur Ahnen-Kult-Kultur, die mit weiteren Zusammenhängen sowohl in zeitlicher Hinsicht als auch in der sprachgeschichtlichen Entwicklung von einiger Bedeutung ist. Denn dies steht mit der Entwicklung der Flexions-Sprache und der Entwicklung unseres Stammformen-Systems wie *schwimmen – schwamm – geschwommen* in Verbindung.

Die Weltanschauung der Ahnen-Kult-Kultur prägte sich auch als Sprache aus, was vermutlich der wichtigste Grund für ihren Bestand bis in die jüngste Zeit hinein war. Wie ich hörte, hat man in Afrika schon deswegen etwa Französisch oder Englisch als Sprache aufgenommen, weil ihre eigenen Sprachen so fundamental mit dem Erhalten von Tradition verbunden sind, dass sie kein veränderndes planerisches Denken ermöglichen.

Ein entscheidendes Moment hierbei ist die Konzeption von *Perfekt – Imperfekt.* Diese Konzeption findet sich fast durchweg in den afrikanischen Sprachen und auf jeden Fall mit dem Hebräischen (*Bibel*!) auch im Semitischen – und damit exakt in der Region, wo diese Entwicklung wahrscheinlich ihren Ausgang genommen hat, und dies vor gut 11.000 Jahren.

Die Sprachform der Ahnen-Kult-Kultur ist dabei sowohl von ihrem Anliegen als auch von ihrer Auffassung gekennzeichnet, dass der ursprüngliche Zustand das >Paradies< = >**Perfekte**< war, den es folglich so gut es geht zu **bewahren** gilt. Diese Auffassung des Erlebens und Verstehens von ***Perfekt – Imperfekt*** wird hier sogar regelrecht zu *Sprache*: zu Grammatik. In dieser Auffassung ist das „Perfekt" (s.u. = *Samani* in Suaheli) absolut wortwörtlich zu verstehen, nämlich als der mit den Urahnen verbundene perfekte Ursprungszustand der Schöpfung, auf den die gesamten kulturellen Bemühungen des „Imperfekten" (>Sasa<) ausgerichtet sind. An sich kann dies als direkte Ableitung aus der ursprachlichen Mythologie und Kulturauffassung gesehen werden, doch entwickelt dies hier völlig neue Konsequenzen. Denn mit dieser Konzeption wird nun das ganze Denken bis in die Sprache hinein und durch die Sprache auf die *Vergangenheit* ausgerichtet, was praktisch mit jedem Satz formuliert und bestätigt wird. Dieser Konservatismus ist hier genau wie im Mittleren Mesolithikum mit ihrer Megalith-Symbolik (wie z.B. bei den genannten Aborigines) ausdrückliches Kulturziel, und man erreichte es in Afrika und bedingter im Süden des Nahen Ostens durch diese Sprach-Anlage.

> „Jedes afrikanische Volk hat seine eigene Geschichte. Diese Geschichte schreitet >rückwärts< von der Sasaperiode [= *Imperfekt*] ins Samani [= *Perfekt*], vom Augenblick intensiven Erlebens in den Zeitrum, den nichts durchmessen kann. Im traditionellen afrikanischen Denken gibt es keinen nach >vorwärts< orientierten Geschichtsbegriff, demzufolge die Geschichte einen zukünftigen Höhepunkt oder dem Ende der Welt entgegenstrebt. [...] Mithin kennen die afrikanischen Völker keinen Fortschrittsglauben [...]
> Die allgemeine Blickrichtung ist zum Samani hin, denn dieses enthält die Grundlagen des Sasa, deren Kenntnis zu einem besseren Verständnis der Gegenwart unerlässlich ist. Das Samani ist nicht erloschen, sondern mit Ereignissen und Tätigkeiten angefüllt. Es enthält die Antworten auf viele Fragen, die die Menschen stellten: über die Schöpfungsgeschichte, den Ursprung des Todes, die Entwicklung ihrer Sprache und Sitten und das Werden ihrer Stammesweisheit. Das >Goldene Zeitalter< liegt im Samani, und nicht etwa in der äußerst begrenzten oder überhaupt nicht existenten Zukunft. [...]
> Die afrikanischen Völker leben in der Erwartung, dass die Menschheitsgeschichte im ewigen Rhythmus des Übergangs vom Sasa zum Samani fortdauert. Nichts lässt darauf schließen, dass dieser Rhythmus je ein Ende nimmt; die Tage, Monate, Jahreszeiten und Jahren folgen endlos aufeinander, wie auch der Rhythmus von Geburt, Hochzeit, Zeugung und Tod unendlich weiter schwingt." [95]

---

[95] John S. Mbiti: Afrikanische Religion und Weltanschauung, S. 29 - 31

Diese Konzeption sollte auch das Geschick des Nahen Ostens bestimmen. Zunächst einmal ist sie jedoch als Anhalt zu nehmen, dass sie als Verkörperung des Späten Mesolithikums (konventionell PPN A – B.1) zeigt, dass diese Ära im Gegensatz zu dem tatsächlichen Neolithikum nichts mit der Absicht einer Entwicklung von Fortschritt zu tun hat, sondern ganz im Gegenteil mit der Entwicklung weiterer Maßnahmen zur Erhaltung des Status Quo, da im Nahen Osten die Ansätze der mittelmesolithischen Rechts-Bund-Organisation nicht zureichten.

Zu diesen Maßnahmen gehörte der Ausbau an Ritualismus, auch in sprachlicher Hinsicht, wofür dieses neuartige Konzept der >Stammformen< ein Ausdruck und Beleg ist. Der Vergleich mit den anderen Sprachentwicklungen deutet darauf, dass die Entwicklung der Flexions-Sprache insgesamt wie hierbei auch das >grammatische Geschlecht< in diesem Kontext anzusiedeln sind. Die Impulse dafür stammen wohl aus dem Raum Jericho. Doch würde ich annehmen (s.u.), dass das Zentrum der Entwicklung der Flexions-Sprache mit dem grammatischen Geschlecht und dem Stammformen-System Göbekli Tepe war, und zwar vermutlich in der Phase des (fälschlich) so genannten PPN B ab etwa 8.800 v. Chr., die schon von einer höheren Regionalisierung geprägt ist. Hier reduziert sich nun die Organisation von Göbekli Tepe wohl wieder wie im Frühen Mesolithikum auf ein „indogermanisch-semitisches“ Gemeinschaftsprojekt einer nun eher regionalen Organisation, in der u.a. die vormals verbundenen Sumerer ausscheiden und nunmehr zum Handelspartner mutieren, was auch sprachlich zu Buche schlägt.

In dieser Phase von Göbekli Tepe von etwa 8.800 bis 8.000 v. Chr. wäre die ***spezielle*** gemeinsame Basis des *später* Indoeuropäischen und des *später* Semitisch/Afroasiatischen anzusetzen (etwas Anderes kommt m.E. nicht wirklich in Betracht):

> „Dass Indogermanisch und Hamito-Semitisch [*heute >Afroasiatisch<*] in irgendeiner Weise näher zusammengehören, ist sicher. Der allgemeinste Sprachbau dieser beiden großen Sprachgruppen in Wortbildung, Flexion und Syntax ist sehr

verwandt; vor allem sind sie die einzigen Sprachen der Welt, die voll flektierend sind und die eigenartige Erscheinung des grammatischen Geschlechts besitzen. Dazu kommt eine bedeutende Anzahl glaubhafter Wortgleichungen.“ [96]

Das eigentliche Indogermanisch mag in seiner historisch wirksamen Form erst vor ca. 6.000 Jahren nördlich des Schwarzen Meeres entstanden sein, doch sind (wie im Verhältnis von Deutsch – Germanisch) dessen sprachliche Ursprünge mit dem Nahen Osten zu verbinden.

Grobes Schema

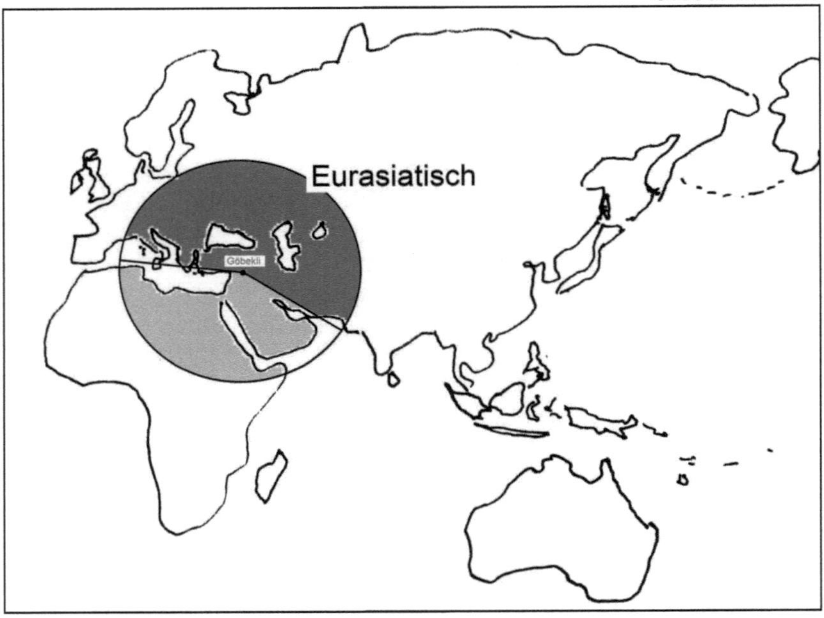

Hellgrau Ausprägungsbereich des **Afroasiatischen**
Dunkelgrau Ausprägungsbereich des **Indogermanischen**

Andersartige Stammes-Sprachen sind hier deswegen nicht ausgeschlossen.

[96] Ernst Meyer, in: Anton Scherer: Die Urheimat der Indogermanen, S. 280

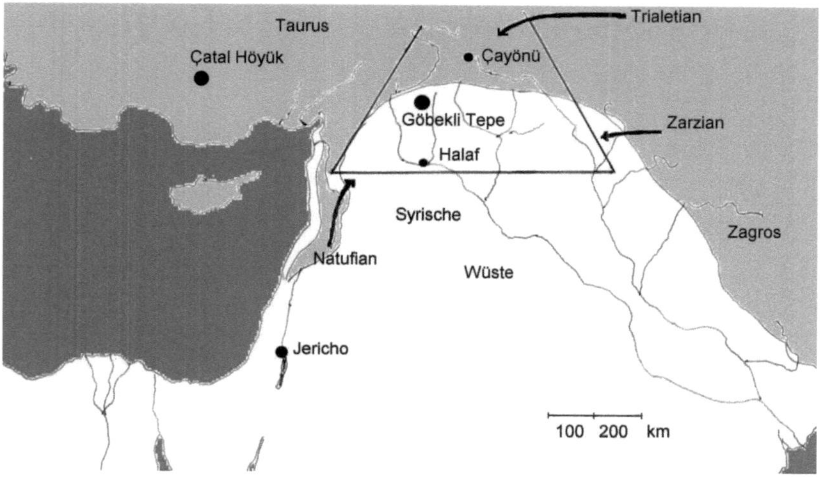

Das so genannte „goldene Dreieck" im heute insbesondere kurdischen Bereich in der Türkei, in Syrien und im Irak mit **Göbekli Tepe** *in recht zentraler Position.*

> ***„Schmelztiegel dreier Kulturen***
> *Im Wettstreit um den Ort der Entstehung des Neolithikums ist das >Goldene Dreieck< in den letzten Jahren sowohl durch die Quantität als auch durch die Qualität der Funde und Befunde zum aussichtsreichsten Kandidaten geworden. Um diesen Sachverhalt zu erklären, sei daran erinnert, dass es sich hier um eine Zone handelt, in der die drei wichtigsten nacheiszeitlichen Kulturen Vorderasiens aufeinander trafen und sich wahrscheinlich vermischt haben."* [97]

[97] Olivier Aurenche, in: Badisches Landesmuseum Karlsruhe: Vor 12.000 Jahren in Anatolien: Die ältesten Monumente der Menschheit, S. 65

5.3 Die Megalith-Anlage von Göbekli Tepe

Ein zentrales Pfeiler-Paar eines „Tempels“ - hier aufgeklappt -, das eigentlich parallel zueinander steht. PPN A, Höhe dieser Pfeiler um 3,60 m.
Originale Fotos u.a. in: Klaus Schmidt: Sie bauten die ersten Tempel, S. 135
Nachzeichnung rechter Pfeiler (links hier nur gespiegelt)

Im heutigen Grenzgebiet Türkei – Syrien wurde in den 1990er Jahren auf dem Göbekli Tepe eine höchst imposante Megalith-Anlage mit bis zu 5 m hohen T-Pfeilern entdeckt, deren Zahl auf insgesamt rund 200 geschätzt wird. Allerdings sind diese Pfeiler nicht wie in Stonehenge in einem einzigen Gesamtkomplex aufgestellt, sondern aus einer Reihe meist rundlicher bis ovaler Gebilde, >Tempel< genannt. Dazu:

> „Heute ist nach 12 Jahren archäologischer Erforschung klar, dass es sich beim Göbekli Tepe um einen steinzeitlichen Ort mit monumentaler, megalithischer Architektur handelt, der

bisher ohne Vergleiche bleibt und der die architektonische Wucht des südenglischen Stonehenge um mehr als sechs Jahrtausende vorwegnimmt.
Der Göbekli Tepe datiert ins 10. und 9. Jt. v. Chr. […] Hauptcharakteristikum des Göbekli Tepe bilden jedoch nicht Häuser oder sonstige Siedlungsspuren, sondern gewaltige Steinkreise aus monolithischen T-förmigen Pfeilern, die bis zu 5 m Höhe erreichen. […]

Herausragend sind ohne Frage die megalithischen T-Pfeiler. Die manchmal in Relief dargestellten Arme und Hände erweisen sich als stilisierte, menschengestaltige, steinerne Wesen, die angesichts der starken Stilisierung, die ihre Körperlichkeit auf rein kubische Formen reduziert, ganz offensichtlich einer anderen Welt zugehören als der diesseitigen.
Die steinernen Pfeilerwesen sind gleichsam im Kreis um zwei ihrer Art versammelt, die die übrige Versammlung jedoch an Größe deutlich übertreffen. Diese beiden zentralen Pfeiler ragen freistehend empor, die Pfeiler des Rundes wurden mit Bruchsteinmauern und innen vor die Mauern platzierten steinernen Bänken verbunden, sodass innen und außen klar begrenzt und der Temenoscharakter der Anlagen verstärkt wird.“ [98]

„Verwunderung rief allerdings die ungewöhnliche landschaftliche Lage des Ortes hervor. Er befindet sich nicht wie viele andere steinzeitliche Siedlungen im Tal, bei Wasser und Ackerland, sondern beherrscht wie eine gewaltige Landmarke einen lang gestreckten Höhenzug, der die südöstlich der modernen Stadt Urfa gelegene Harranebene im Norden begrenzt.“ (ebd.)

> „ […] um Göbekli Tepe zu errichten, mussten Tausende Menschen unterschiedlicher Gruppen und Stämme über lange Zeiträume hinweg zusammenarbeiten.“ (Harari 118)

---

[98] Klaus Schmidt, in: Badisches Landesmuseum Karlsruhe: Vor 12.000 Jahren in Anatolien: Die ältesten Monumente der Menschheit, S. 74 f.

Vor allem, wenn man die frühgeschichtliche Entwicklung im Gesamten betrachtet, wird der Hintergrund der Bau dieser gewaltigen Anlage sehr deutlich. Schon vor diesem Bau dürfte der Göbekli Tepe eine Art *El*-Berg (→ 4.2.2.2) und >Nabel der Welt< gewesen sein (türkisch *göbek* bedeutet >Nabel, Bauch<), der als >Parlament< und Verwaltungs-Sitz der mittelmesolithischen Völker-Rechts-Bund-Organisation gedient haben dürfte.

Bis zu den Anfängen des Mesolithikums war die materielle Ausstaffierung noch kein Thema. Das Leben war bis dahin zugunsten von Lebendigkeit und Authentizität äußerlich und materiell möglichst einfach und unkompliziert angelegt, und mit dem Mesolithikum ergaben sich zunächst gänzlich andere Sorgen. Doch mit der dauerhafteren Sesshaftigkeit entstand (ab dem Späten Mesolithikum) zumal bei der Konkurrenz um Ressourcen und Macht eine neue Perspektive. Man begann hier seine Position und seine Ansprüche auch äußerlich zu markieren, etwa auch in Form des neuen Schädel-Kults.

Der Bau dieser Anlage von Göbekli Tepe gehört in diese Entwicklung hinein. Natürlich musste die Anlage, wo sie etwas Herausragendes >repräsentieren< sollte, dies auch entsprechend zum Ausdruck bringen. Das Gleiche gilt später z.B. für den Bau der Pyramiden oder auch von Stonehenge (auch dies beginnt nicht mit Palästen: die Macht der Herrscher begann erst in der Macht ihrer Kulte und deren *Anhänger*).

Die Anlage von Göbekli Tepe liegt noch nicht im Zentrum einer Ortschaft. Weder sind hier schon die Clans noch Ortschaften noch einzelne Stämme eine wirkliche >Macht<. Hier entsteht erst mit der Neolithischen Revolution eine neue Weltanschauung und Kultur-Auffassung, die in Tempeln mit imposanten Götter-Kulten eine urbane Entwicklung mit Palästen hervorbringen konnte.

Die Anlage von Göbekli Tepe bezieht sich nicht direkt auf die >Bevölkerung<. Diese entsteht vielmehr erst *umgekehrt* aufgrund der neuen Organisation (in Sesshaftigkeit, in der Art der

Siedlung wie in der Bevölkerungsexplosion). Diese Anlage bezieht sich zunächst einmal auf die dort erscheinenden Vertreter und über diese auf das, was sie an Stämmen und/oder an großregionaler Organisation vertreten. Dem Anschein der Pfeiler und Bauten auf der ersten Stufe von Göbekli Tepe („PPN A“) bestand noch eine größere Verbundenheit mit größerer Reichweite, wohl noch deutlich über das später eher regionale nahöstliche „indogermanisch-semitische“ Gemeinschafts-Projekt der Phase von 8.800 bis 8.000 v. Chr. hinaus.

Ein Stück weit konnte Göbekli Tepe bei dem Beginn der Bau dieser Anlage also auf die Kontexte des mittelmesolithischen Völker-Rechts-Bundes zurückgreifen.

Mit Sicherheit wird mit Göbekli Tepe bei allen zuletzt entstandenen Problemen und Streitigkeiten noch eine positive Erinnerung verbunden gewesen sein, und mit Sicherheit wird einer Mehrheit dieser (Groß-) Region deutlich gewesen sein, welchen Dammbruch es (mit welchen Ausläufern) bedeuten würde, wenn die Organisation von Göbekli Tepe zerbricht. Allein diese Organisation sicherte die Stabilität der ganzen Region. Man *musste* sie erhalten und auch neu verstärken – aber nicht in Form von Unterdrückung und in solchen Maßnahmen wie einer allgemeinen männlichen Beschneidung. Das fand keine zureichende Akzeptanz, sondern ganz im Gegenteil kriegerischen Widerspruch.

Die Alternative zu *Unter*drückung (und *Re*pression) war der *Aufbau* einer *gewaltigen* Anlage, die seinen Willen und sein Vermögen möglichst eindrucksvoll zum Ausdruck bringen sollte.

So zeigt dieser Bau soweit eine positive Seite. Vor allem das jeweils zentrale Stamm-Ahnen-Paar wird herausgehoben. Da dieses eine Moiety zum Ausdruck bringen dürfte, wäre es möglich, dass vielleicht die ersten jeweiligen „Tempel“ im Wettstreit der dort vertretenen Moieties errichtet wurden. Freilich muss sich nicht jedes dortige Gebilde in dieser Art erklären. Manche können auch eine andere Funktion gehabt haben (manche quasi als >Fraktionsräume< einer Moiety zur internen Klärung, eins als Sitz des Gerichts usw.).

Ein *fröhlicher* Wettstreit kommt in dieser Anlage insgesamt jedoch nicht zum Ausdruck. Der kritische Hintergrund, der den Bau dieser Anlage motivierte, kommt in der heraustretenden Aggressionssymbolik zum Ausdruck.

> „Es dominieren Tiere in aggressiver Haltung; die Mehrzahl der Skulpturen lässt sich ohne Zögern in die Kategorie >gefährliche Erscheinungen< einordnen; sie wurden folglich wohl in Unheil abwehrender – besser: abschreckender – und mithin >apotropäischer< Absicht aufgestellt. Bemerkenswert ist, dass sich unter den Darstellungen keine wirklichen Phantasietiere erkennen lassen. Die reptilienartigen Wesen vermögen die Assoziation mit Drachen zu erwecken, oder zumindest an Krokodile zu erinnern. Doch gab es an Euphrat und Tigris nie Krokodile.“ [99]

Da hier anzunehmen ist, dass diese Anlage ausschließlich von initiierten Vertretern der Göbekli Tepe angeschlossenen Verbände betreten werden durfte, ist also dieser Ausdruck auf diese Vertreter zu beziehen. In erster Linie dürfte die Aggressionssymbolik die bei Bedarf auch kriegerische Macht seiner Organisation zum Ausdruck bringen. Das soll den Vertretern der Verbände eine Bestärkung bedeuten, dass man mit dieser Organisation *wieder* stark genug ist, sich den Angriffen zu erwehren (die es entsprechend gegeben haben wird), und dass es für sie von Vorteil ist, bei dieser Organisation zu verbleiben. Dies dürfte über die Vertreter durchaus auch als Einschüchterung an die Verbände gemeint sein, wo der Austritt aus dem Bund von Göbekli Tepe oder gar (wie wohl ferner im „Norden“) ein Anschluss an die Gegner noch zur Debatte stand.

---

[99] Harald Hauptmann & Klaus Schmidt, in: Badisches Landesmuseum Karlsruhe: Vor 12.000 Jahren in Anatolien, S. 76

Doch zuerst gilt es zu sehen, dass diese Aggressionssymbolik auch eine tatsächlich bestehende Aggressionsproblematik zum Ausdruck bringt. Dies ist hier kein Thema >unter anderem<, ein allgemein anthropologisches und rein mythologisches Motiv unter anderen Motiven. Es ist hier *das eigentliche* Thema, und zwar als *dem* Hintergrund des Baus dieser Anlage, auch wenn es in das bislang gängige Geschichtsbild nicht hineinpasst.

Immerhin bemerkt Klaus Schmidt, der leider inzwischen verstorbene archäologische Leiter der Ausgrabung von Göbekli Tepe, im Unterschied zu etlichen Anderen in seinem einschlägigen Buch über Göbekli Tepe:

> „Die *Jäger* des Göbekli Tepe jedenfalls erklimmen nicht die Stufen hinauf zu einer glänzenden Zukunft, sie stehen am Abgrund, am Abschluss ihrer großen Zeit.“ [100]

Exakt dies stellt sich dar. In der ersten Phase der Anlage von Göbekli Tepe mag eine Beruhigung und Befriedigung darüber entstanden sein, die Organisation wieder hergestellt und die Region wieder stabilisiert zu haben, und dies ohne die im Norden befürchteten repressiven Konsequenzen (der südlichen Ahnen-Kult-Kultur etwa mit der allgemeinen männlichen Beschneidung). Tatsächlich verknüpft sich damit eine grandiose Leistung, denn diese Organisation sicherte die entscheidende Entwicklung an Organisation, Nahrungsproduktion und Bevölkerungswachstum, was dort die zivilisatorische Kultur begründete.

Doch: eine solche *Entwicklung* war hier gar nicht beabsichtigt und eigentlich auch gar nicht gewollt. Es ging an sich lediglich um eine Stabilisierung der Verhältnisse und um die Vermeidung von Kämpfen und Repression und nicht um Neues und expansive Prozesse mit ihren so ambivalenten Konsequenzen.

[100] Klaus Schmidt: Sie bauten die ersten Tempel, S. 240

In dieser Auffassung lag die Grenze der mesolithischen Weltanschauung, wo die Bedeutung des Neolithikums ansetzte.

Hier aber hatte diese *Stabilisierung* die Entwicklung von *Neuem* und eine regelrechte *Bevölkerungsexplosion* zur Folge, was seine Bemühungen um Stabilisierung beständig unterlief. Die Bevölkerungsexplosion stellte vor neue Probleme in der Versorgung, und wo es gelang, wieder eine hinreichende Versorgung zu schaffen, kam es wieder zu einer neuen Bevölkerungsexplosion, die nun vor noch ganz andere Versorgungsprobleme stellte. Stufe um Stufe war dies weniger auf der Basis natürlicher Gegebenheiten möglich, Stufe um Stufe musste man einen *exponentiell* höheren Aufwand betreiben, um genügend Nahrung zu gewinnen.

Auf diese Weise wurde man in ganz anderer Form als je zuvor in die regionale Organisation verwickelt. Es hatte jetzt weniger mit den alten durch die Naturumbrüche aufgeworfenen Problemen als vielmehr aufgrund der Bevölkerungsexplosion mit selbst produzierten Problemen zu tun, wenn sich nun der Völker-Rechts-Bund im Nahen Osten im großregionalen Bezug aufzulösen begann und sich eher auf Clan-Heirats- und Handelsbeziehungen reduzierte.

Die Entwicklungen der Flexionssprache mit ihren Stammformen-Systemen deuten darauf, dass sich die vorausgehenden übergreifenden Zusammenhänge mit der Stufe „PPN B" um 8.800 v. Chr. verloren und es in Göbekli Tepe zu einer sprachlichen Eigenentwicklung kam. Diese offenbar aus dem Raum Jericho ausgehende Entwicklung der Ahnen-Kult-Kultur mit ihren (dort freilich notwendigen) regressiv-repressiven Tendenzen bewog die nicht ganz so dicht ansässigen Sumerer nun wohl auch zum Rückzug aus der direkten Beteiligung an dem Bund von Göbekli Tepe, wie ihr Bewahren der vorausgehenden Sprachtechnik der Agglutination (ebenso wie das Eurasiatische jenseits des Nahen Ostens) vermuten lässt.

Bei allen Bemühungen ließ sich der Niedergang von Göbekli Tepe nicht wirklich aufhalten. Die entsprechenden Pfeiler dieser zweiten Phase sind deutlich kleiner als die der vorausgehenden Phase und nach dem Eindruck der Fotos auch handwerklich schlechter. Mit der neuen *panthera*-Symbolik kommt wohl eine verschärfte Aggressionssymbolik zum Ausdruck, aber sie wirkt eher gewollt und verzweifelt als eindrucksvoll (Haltung des Tieres, Gesichtsausdruck, Größe der Gebilde).

Diese *panthera*- Symbolik ist bislang als historisch erstmaliger Ausweis einer Krieger-Symbolik zu sehen.

panthera = >König der Tiere<, Bezeichnung für die großen Raubkatzen: *panthera tigris* = >Tiger<, *panthera leo* = >Löwe<, usw.

Nachzeichnung nach Foto: Klaus Schmidt: Sie bauten die ersten Tempel, S. 234 PPN B, Höhe 1,45 m

Veranschaulichung der Größenverhältnisse: 1,45 m gegenüber 3,60 m

Dennoch waren gerade auch die Bemühungen von Göbekli Tepe in dieser zweiten Phase von 8.800 bis 8.000 v. Chr. durchaus von historischer Relevanz. Immerhin scheint hier die Ausprägung der Flexionssprache als dem gemeinsamen Ursprung des Indogermanischen und des Semitisch-Afroasiatischen zu liegen, und in der Ausbreitung dieser Sprachformen kommt immer noch eine entsprechende enorme kulturelle Relevanz dieser Entwicklungen von Göbekli Tepe zum Ausdruck. Wie schon erwähnt, entstehen hier auch die Grundlagen der Neolithischen Revolution, die das Vermächtnis von Göbekli Tepe auf einer neuen geistig-organisatorischen Grundlage weiterbaute.

Der ursprüngliche Ansatz von Göbekli Tepe lässt sich jedoch nicht halten. Auch die Spaltung in das später Indogermanische und das später Semitisch-Afroasiatische war bei den divergierenden Kultur-Entwicklungen in den divergenten Natur-Verhältnissen zwischen Nord und Süd auf die Dauer nicht zu verhindern. Sie ist mit dem Ende der Bautätigkeiten auf dem Göbekli Tepe um 8.000 v. Chr. zu verbinden.

Das tapfere Durchhalten des Ansatzes von Göbekli Tepe hatte dennoch seinen Wert. Es pufferte den Disflikt zwischen dem Indogermanischen und dem Afroasiatischen ab und schuf hier eine wichtige räumliche Distanz. So kam es weniger zu Kampf als eher dazu, dass beide Seiten einen eigenen Weg einschlugen. Der Raum von Göbekli Tepe blieb einigermaßen stabilisiert, und die Neolithische Revolution eröffnete insgesamt eine neue Option und Ära.

Mit der Neolithischen Revolution konnte auch der Ansatz von Göbekli Tepe auf eine neue Basis gestellt werden. In gewisser Weise nimmt die Neolithische Revolution das Konzept des global vorgestellten Völker-Rechts-Bundes in neuer Form auf. Diese neue Form erlaubte eine neuartige Selbstorganisation in allen jeweils bestehenden Formen sowie weiterhin eine andere Aufnahme der Bevölkerungsexplosion und der Nahrungsproduktion. All dies war mit einer neuen weltanschaulichen Grundlage verbunden. Mit dem >revolutionären< Umbau durch die Neolithischen Revolution wurde die Mesolithische Revolution auf ein neues historisches Niveau gehoben.

Aus der Masse des weiteren Materials möchte ich als reines Beispiel Hinweise aus dem **Mongolischen** aufnehmen. Es ist interessant, dass sich auch dort das Konzept mit >Perfekt – Imperfekt< findet, das aber auch wie im Indoeuropäischen durch Erweiterung >aufgebrochen< ist, doch in anderer Form als im Indoeuropäischen.

Dies könnte bedeuten, dass sich die nahöstliche Ahnen-Kult-Kultur im Späten Mesolithikum auch bis dorthin (wie auch nach China) vermittelt hat, aber auch dort wie bei dem später Indoeuropäischen das Ende von Göbekli Tepe um 8000 v. Chr. von Wirkung war.

Doch ein völliges Ende der Bezüge zum Nahen Osten bedeutete dies offenbar nicht. So erinnert mongolisch *tengri* >(die 99) Himmelsgötter< [101] stark an sumerisch *dingir* >Stern, Himmel<, was im Sumerischen als Schriftzeichen zur Kennzeichnung eines >Gottes< gebraucht wird, und hierbei geht es nicht um Irgendwas.

Schlange,
Ausschnitt (gekippt), s. nächste Seite

[101] „Neben dem Ewigen blauen Himmel (*Köke möngke tengri*) kannte man noch weitere Himmelsgötter (*tengri*), meist 99 […].“ E. & M. Taube, Schamanen und Rhapsoden, S. 50 f.

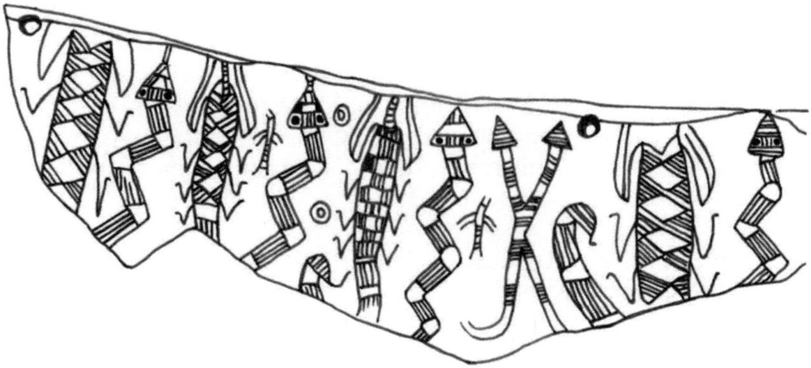

9500 – 8500 v. Chr.

„Vom Körtik Tepe stammen zahlreiche ritzverzierte Steingefäße. Ein Bruchstück [s.o.] zeigt Schlangen und Skorpione.“ Zitat und Nachzeichnung nach: Klaus Schmidt: Sie bauten die ersten Tempel, S. 188

Fotos und Zeit-Angabe in: Badisches Landesmuseum Karlsruhe: Vor 12.000 Jahren in Anatolien, S. 102, 303

5.4 Die Neolithische Revolution

So *„besteht das Wichtige in der Basilea-Erzählung darin, dass es eine Frau war, die zuerst Gesetz und Ordnung in eine chaotische Welt brachte, indem sie das Tier im Mann zügelte und zähmte und so die Zivilisation ermöglichte."* [102]

„Die [indische] *Legende berichtet, dass nur die Göttin Durga [...] in der Lage war, den Bitten der Götter nachzukommen, den Büffeldämon zu schlagen. Ein enthaupteter Büffel, auf dem eine Gottheit steht, symbolisiert den Sieg über das Dämonische."* [103]

Plastik Höhe 11,8 cm
Der Kopf ist nach anderen Vorlagen archäologisch rekonstruiert worden

Nachzeichnung [104]

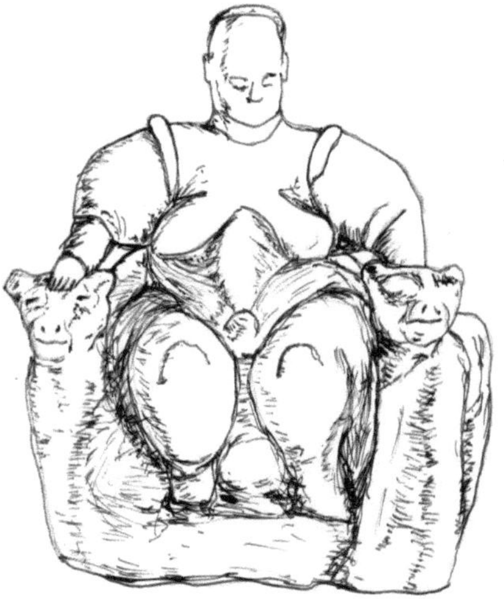

Diese Plastik aus Çatal Höyük erscheint als **das** *Symbol der Neolithischen Revolution: die* ***Leoparden-Krieger*** *unterlagen dem neuen Kult und stehen nunmehr als Exekutive in dessen Dienst*

---

[102] Elizabeth Gould Davis: Am Anfang war die Frau (The First Sex), S. 117
[103] Eckard Schleberger: Die indische Götterwelt, S. 188 f.
[104] nach: Marija Gimbutas: Die Sprache der Göttin, S. 107

Die Neolithische Revolution stellte den historischen Ansatz der Mesolithischen Revolution praktisch, organisatorisch und weltanschaulich-kulturell auf eine entscheidend neue Basis, die eine entsprechende Weiterentwicklung ermöglichte. Doch dass dies überhaupt möglich wurde, verdankt sich zuerst wieder einmal einer neuen sprachlichen Entwicklung, die ein historisch neues Bewusstsein schuf und verbreitete.

5.4.1 Das Stammformen-Konzept mit *Präsens – Imperfekt - Perfekt*

Einen sehr bedeutenden Hinweis auf die spätmesolithische Entwicklung liefert ein grammatisches Phänomen. Es erscheint ebenso arglos wie natürlich. Doch davon kann keine Rede sein. Es handelt sich dabei um unser Stammformen-System mit *Präsens – Imperfekt – Perfekt* wie (stark) *schwimmen – schwamm – geschwommen* oder (schwach) *machen – machte - gemacht*. Dem Hebräischen nach zu urteilen, wäre die starke Flexion aus der dortigen Tradition abgeleitet worden.

Tatsächlich dürfte der Ursprung dieses Stammformen-Systems in dem Konzept aus *Perfekt – Imperfekt* der Ahnen-Kult-Kultur liegen. Die Aufnahme des Präsens kann in dieser Konzeption unmöglich als eine problemlose Erweiterung betrachtet werden. Denn sie unterlief das entscheidende Moment der Konzeption aus *Perfekt – Imperfekt* und stellte ihren Effekt in der Konsequenz sogar auf den Kopf: von der Anbindung an die Vergangenheit zum neolithischen Fortschritts-Denken.

Insofern ist diese Konzeption aus *Präsens – Imperfekt – Perfekt* durchaus als ein bedeutsamer historischer Anhalt zu werten. Zuerst bedeutet sie jedoch, dass man sich im Norden des Nahen Ostens mit der rückwärtsgewandten und vor allem regressiv-repressiven Konzeption der Ahnen-Kult-Kultur nicht abfinden mochte, wenn man sie auch nicht zurücknehmen konnte. Insofern ging die Ausrichtung auf die Gegenwart, die (als einzige Form der Realität) * für die ursprüngliche Kultur des Homo sapiens charakteristisch ist und die im Norden des Nahen Ostens demnach noch Bestand hatte, mit in diese Konzeption ein.

Doch hatte diese Konzeption aus *Präsens – Imperfekt – Perfekt* einen Effekt, der ursprünglich eigentlich *beiden* Seiten zuwiderlief und etwas historisch völlig Neuartiges erbrachte. Es ist dieses Neuartige, das – nachfolgend – die Basis der Neolithischen Revolution schuf. Denn erst diese Konzeption, die mit dieser Grammatik ein zentrales Augenmerk auf den Prozess von gestern auf heute - und damit auch weiter in die Zukunft - legte, war es überhaupt, die ein Bewusstsein für *gesellschaftliche* Prozesse und die Entwicklung von Fortschritt erbrachte. Ein solches Denken hat es bis dahin nicht gegeben. Es hatte bis dahin weder in einer Kulturauffassung noch in einer Weltanschauung noch in einer Sprache irgendeine Basis, und in den meisten Kulturen war dies bis in die jüngste Zeit nicht der Fall.

Die Grundlage für dieses historisch völlig neuartige Bewusstsein und Denken liegt in der neuartigen *Rückwärts*-Bezogenheit der Ahnen-Kult-Kultur. Mit ihrem Konzept aus *Perfekt – Imperfekt* lieferte die Ahnen-Kult-Kultur bei der erweiterten Form mit dem Präsens gänzlich gegen ihre Absicht die Basis, die gesellschaftlichen *Entwicklungs*-Prozesse zum Zentrum seines Denkens, seiner Sprache und Kommunikation zu machen.

So entstand mit der Ergänzung des Präsens im Norden des Nahen Ostens durch die Sprachform eine umgekehrte Bewusstseins-Verfassung, die die Neolithische Revolution auslösen sollte.

---

* Dies ist neurologisch zu verstehen und gilt ausschließlich unter der Prämisse wirklicher Kultur. Alles Andere bezieht sich im besten Fall auf einzelne *Momente* der Wirklichkeit.

Die *Eulen-Augen*-Symbolik

als Verkörperung der Mond-Mutter, die ursprachlich HS in den Geschichten für die Kleinkinder dafür steht, dass „sie, wenn wir schlafen, aufpasst, dass uns nichts passiert“, wird im Verlauf der Priester*innen-Herrschaft zu einer orwellschen *Big Mother*-Überwachungs-Symbolik. S. auch → S. 157 + 160

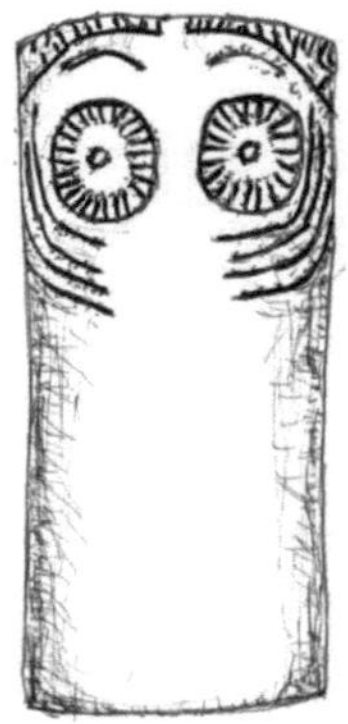

Nachzeichnungen nach Marija Gimbutas: Die Sprache der Göttin, S. 56
rechts eine Darstellung in ausgerollter Form

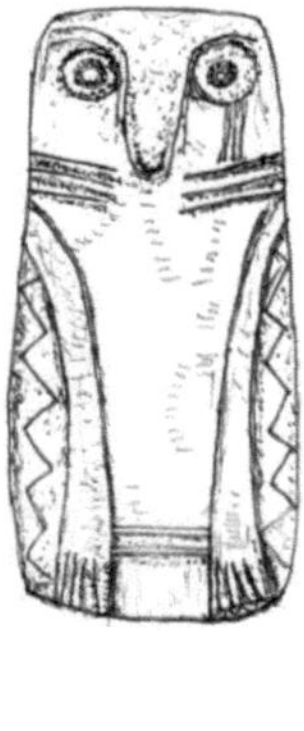

Nachzeichnungen nach Marija Gimbutas: Die Sprache der Göttin, S. 193

5.4.2 Die neue neolithische Kultur-Konzeption

Die *Mesolithische* Revolution entstand mit ihren Prozessen bis hin zu der spätmesolithischen Ahnen-Kult-Kultur und der imposanten Anlage von Göbekli Tepe aus der Absicht und dem Bemühen, die von den gigantischen Naturkatastrophen und -Umbrüchen aufgeworfenen Probleme zu lösen. Bei all ihren Schritten ging es um nichts als das Lösen der entstandenen Probleme und nicht um eine Absicht von Neuentwicklungen. Hierbei zeigte man einen bis ins Enorme gehenden Einsatz und erreichte auch eindrucksvolle Ergebnisse.

Mit irgendeiner Absicht, Fortschritt zu entwickeln, war das Mesolithikum nicht verbunden. Es gab dafür gar keine Denkfiguren und nicht einmal eine sprachliche Grundlage. Von der humanevolutionär entwickelten Basis an Kultur und Sprache wäre diese Entwicklung nicht entstanden. Die völlig neuartige Entwicklung, die die Mesolithische Revolution auslöste, entstand in erster Linie durch die Natur selbst – als ein neuer *evolutionärer* Prozess –, und erst nach und nach kam Erfahrung mit den neuen Prozessen auf, dass man sie nunmehr auch gezielt aufnehmen konnte.

Das bloß Technische – auch von Nahrungsproduktion – war hier gar nicht das Entscheidende, immer nur ein >Mittel<. Die wirklichen Schwierigkeiten verknüpften sich mit der kulturellen Frage und mit der gesellschaftlichen Organisation. Mit der Nahrungsproduktion und mit der gesellschaftlichen Organisation hatte das spätmesolithische Göbekli Tepe eine neuartige Dimension erreicht, doch in seinen Konsequenzen nicht *eigentlich* gewollt. Nun aber war das Maß gekommen, wo das mesolithische Bewusstsein im Nahen Osten endgültig seine Grenze erreichte und kein Konsens mehr über die immer weiter gehenden Entwicklungen herzustellen zu war.

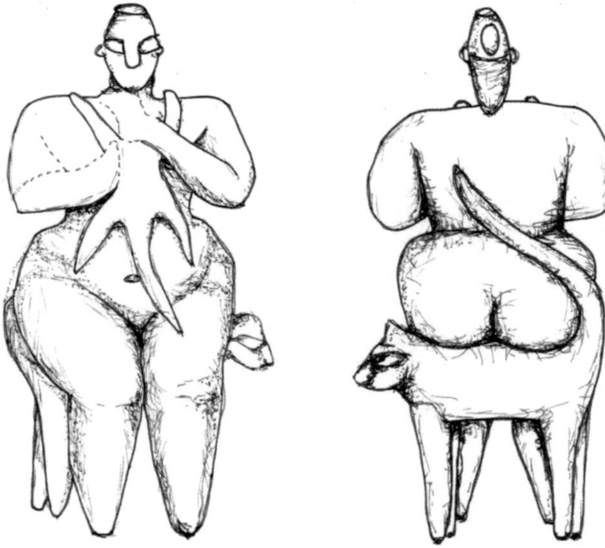

Eine weitere neolithische Plastik mit der Leoparden-Symbolik Terrakotta aus Hacilar aus der Nähe von Çatal Höyük [105]

Genau an dieser Stelle schuf die Neolithische Revolution den entscheidenden neuen Schritt. Die Neolithische Revolution baute auf dem im Späten Mesolithikum erreichten Stand an Organisation und Nahrungsproduktion auf, aber mit ihr war eine neuartige Weltanschauung entstanden, aus der der neue Schritt der historischen Entwicklung folgte.

Doch auch hier Vorsicht! Mit dem Fortschritts-Denken *in unserem Sinn*, das historisch überhaupt erst mit der Moderne aufkam, hatte das neolithische Bewusstsein nichts zu tun. Den Fortschritt, den die Neolithische Revolution hervorbrachte, lag

[105] Nachzeichnung nach: M. Gimbutas: Die Zivilisation der Göttin, S. 227

in Wirklichkeit ebenso wenig in ihrer Absicht wie bei der Ahnen-Kult-Kultur. Den Fortschritt, den die Neolithische Revolution wollte, meinte das *wirkliche Zurück hinter* die Ahnen-Kult-Kultur zu dem >ursprünglichen Paradies<, sprich zu der eiszeitlichen paläolithischen Kultur, von der im „nördlichen“ Hinterland des Nahen Ostens noch einiges bekannt war.

So ist etwa für Çatal Höyük (Anatolien) festzustellen:

> „In größerem oder geringeren Umfange sind derartige archaische Elemente auch in einer Anzahl anderer nachpaläolithischer Kulturen - wie dem palästinensischen *Natufien* - spürbar, doch nirgendwo finden sie sich so ausgeprägt wie im Neolithikum von Çatal Hüyük. Der Grund für das dortige Fortbestehen jungpaläolithischer Bräuche mag in einer strengen, konservativen Haltung zu suchen sein [...].“ [106]

In Wirklichkeit war die Neolithische Revolution angesichts der Krisenprobleme im Nahen Osten eine religiöse Erweckungs- und eine moralische Erneuerungs-Bewegung. Es ging in ihr um das *Zurück* zur *Göttin* >Mutter Erde< z.B. *Ma Ga* oder *Ba Ga, Pacha Mama,* chin. *Nu Gua,* sumerisch *NinKi,* anatolisch *KiMera, KiBele* und was ihrer ursprünglich gleichbedeutender Namen und Titel in den verschiedenen Sprachen mehr sind (wobei *Ma, Ba* >Mutter< dann als Titel die Bedeutung >Herrin< [*Pallas = Athene = (Ma)Donna* usw.] entwickelt).

Doch mit diesem Umschlag zur Neolithischen Revolution ist hier nun auch das Ende unseres Themas der Mesolithischen Revolution erreicht.

---

[106] James Mellaart: Çatal Hüyük - Stadt aus der Steinzeit, S. 272

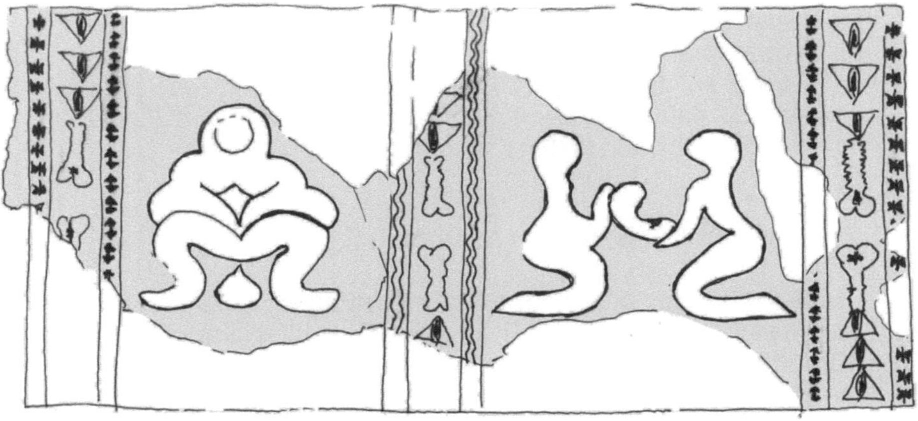

Der neolithische Fruchtbarkeitskult: Wandbild aus Çatal Höyük, Nachzeichnung nach: *Marija Gimbutas: Die Zivilisation der Göttin, S. 224*

Hier gilt es nur festzustellen, dass es die neuartige Priester*innen-Herrschaft mit ihren neuartigen Götter-Kulten in Organisation und Weltanschauung war, die das eigentlich Neue gegenüber dem Mesolithikum stellte, unter deren Vorzeichen sich auch die ganze weitere historische Entwicklung bis zur Industriellen Revolution und darüber hinaus vollzog.

Es waren diese neuartigen Götter-Kulte, die die nötige neue Autorität der Sozialorganisation in Ersetzung der zu begrenzten und in Teilen schon längst überholten provinziellen >Stamm-Ahnen< stellten und damit auch die entstandenen Chaos-Probleme im Nahen Osten zu beenden vermochten. Ihr großer Erfolg bestand darin, dass sie *gleichzeitig* das *Zurück* zum >*ursprünglichen* Paradies< wie den grandiosen Erfolg des *expansiven* Wirtschaftswachstums auf einen Nenner bringen konnten. Anders als im Mesolithikum spielten hier Natur und Realität keine wirkliche Rolle mehr, nur noch die im Kult begründeten und behandelten *innergesellschaftlichen* Bezüge. Darin lag ihre Stärke – und das Problem der späteren kulturellen Zusammenbrüche.

Die Abb. soll Lilitu/Lilith-Inanna zeigen (Mesopotamien, um 2000 v. Chr.). [107] *Diese Figur ist durch die Hörner-Krone als Gottheit wie durch die Isis-Knoten, durch die* **Eulen** *und ihre Krallen auf den* panthera *als Herrin über* Leben und Tod *ausgewiesen.*

So kam es mit den so auf die Dauer von der Priester*innen-Herrschaft selbst ausgelösten kriegerischen Wirren mit dem so genannten >Beginn der Geschichte< vor ca. 5.000 Jahren zum Aufstieg des bislang nachrangigen Truppen-Führers zur Oberherrschaft (sumerisch *lugal* >der große Mann<), woraus das

[107] Nachzeichnung nach: Sharukh Husain, Die Göttin, S. 100

Patriarchale und also nach gängiger Auffassung der moderne Staat und die >Hochkultur< entstand.

Diese Thematik kann hier nicht weiter vertieft werden. Doch sollen hier mit den mit *Ma Ga* griech. >Mutter Erde< in Verbindung zu bringenden Namen und Wortbildungen ein paar Anhalte bzgl. der inhaltlichen Bezüge und der Verbreitung geboten werden (kleiner Auszug aus Cûl Tura II → M.3.1.4.1).

Ma Ga	**>Mutter Erde<** (griechisch)
Maka	„die Erde" bei den Sioux [108]
Macha	irische Göttin mit Grabhügel *Emain Macha,* heute ***Armagh*** [109]
Mogontina	kelt. >Göttin< nach Inschrift aus Metz s.u. >
Mogon	kelt. (Sonnen-) Gott, im Namen **Mainz** [110]
*Al**maqah***	sabäischer Reichs- + Hauptgott (Yemen), Mondgott, Symbol Stier [111]
***Jab**maekka*	samisch die Herrscherin von ***Jab**aimo* >Welt der Verstorbenen< (Wikipedia, *Samische Mythologie*) (*Jab – ab* >Mutter<)
***Uke**mochi*	japanische >Mutter Erde<. „Aus ihrem toten Leib entsprossen Pferde und Rinder aus dem Kopf, Reis aus dem Bauch und Bohnen und Weizen aus ihrem **Geschlecht**." [112] Pendant zum >Mond-Gott<
Makemake	>Vogelmensch< auf den Osterinseln
Mag, Maige	irisch >Ebene<, in Namen, auch in Bezeichnungen für die Anderswelt [113]
-magen	keltisch >Feld< in *Remagen, Dormagen, Nijmegen (*NL = *Nimwegen)* usw.

---

[108] D. Jones & B. Molynaux: Die Mythologie der Neuen Welt: *Inyan,* S. 43

[109] Sylvia & Paul F. Botheroyd: Lexikon der keltischen Mythologie, S. 265

[110] nach Wikipedia: *Mogon; Mainz* nach Wikipedia: *Mainz* (08.01.21, 00:17)

[111] s. z.B. Wikipedia: *Almaqah* (08.01.21, 00:20)

[112] Harenberg Lexikon der Religionen, S. 845

[113] Sylvia & Paul F. Botheroyd: Lexikon [...]: *Mag da Chéo* usw., S. 269 f.

magos lat. aus Persischen >Magier< [Priester-Schamane]
meiga, meigo span. f/m >Zauberin, Zauberer; Hexe/r<
machi >Schamane/in< in einer südamerikanischen Kultur [114]
maho japanisch >Zauberei, Magie< (Hadamitzy S. 285, No. 1525)
masca in langobardischen Gesetzen >Hexe<, s. auch [>? ***Maske***]
masco provenzalisch >Zauberin<, *mascoto* >Zauber/ei< [115]

Magie, Magier

***phar**makeús* (m), *pharmakís* (f) griech. >Zauberer/in; Giftmischer/in [!]<, zu
pharmakeúō griech. >**Heil**mittel, Zaubermittel, Gift anwenden<
> **Pharmazie**

Macht, mächtig > **Mechthild** [+ mhd. *hilt* >Kampf<] (EWD > ^{2}**Metze**]
məqqər- kabyl. (Nordafrika) >groß sein< (Wikipedia, *Berbersprachen*)
maagəə nganasanisch (Sibirien) >stark<
moc polnisch >Kraft, Stärke, Macht<
mech etrusk. >Herrin, Königin< (Steinbauer, www.etruskisch.de)
mahkina Herrschertitel bei den Mayas (Kuckenberg S. 211)
Mogul tatarisch >Herrscher< (- **Mongolei**)
malku assyrisch >König<
mallku >König< bei den Aymará der **Hoch-Anden** [!] [116]
Magnat von lat. *magnus* >groß, vornehm< (EWD, *Magnat*)
Mega- griech. >groß, geräumig; bedeutend, wichtig, gewaltig<

magis lat. >mehr< - (ver)***mehren***
mage dän. >Gleiche(r); Gatt/in; einrichten; sich paaren <
much engl. >viel<
machen = ver**mehr**en >hervorbringen<
Gemächte „zu *Macht* im Sinne von >Zeugungsvermögen“ (Duden 7)
***ver*mählen** ahd. ***maha**len* >reden, Vertrag schließen, heiraten< (EWD ebd.)

mago aengl. >Knabe, Sohn; Krieger, Knecht< (nach: Duden 7, *Magd*)
mago = SON japanisch >Enkel< (Hadamitzy S. 196, No. 910)
makaḷ Tamil (drawidisch, Indien) >Tochter< (Wikipedia, *Tamil*)
magad ahd. >Mädchen, Jungfrau<* > **Magd, Maid**

usw.

[114] Helma Marx: Das Buch der Mythen, S. 536
[115] nach Duden Herkunftswörterbuch: *Maskottchen*
[116] Charles Berlitz: Mysteries from Forgotten Worlds, S. 181

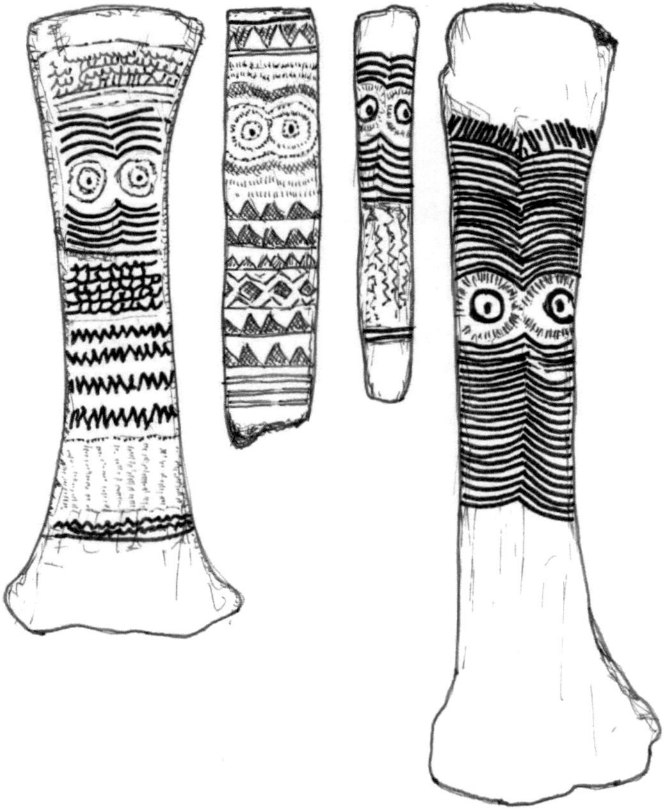

Objekte aus der Almeria-Los-Millares-Kultur, Spanien, 1. Hälfte 3.Jt., (Nachzeichnung) nach: Marija Gimbutas: Die Sprache der Göttin, S. 54

Wo diese *Augen*-Symbole aus einem - auch menschlichen - *bone* bestehen, dürften sie in Parallele zu der kretischen Doppelaxt, dem germanischen Thor-Hammer und den römischen *fasces* als Kult-Instrument der Herrschaft über >Leben und Tod< zum >Bannen< als *Binden* (Heiraten und >Frucht-bar-Machung<) oder *Verbannen, Verdammen* zu verstehen sein.

6 Eine kritische Würdigung der Mesolithischen Revolution

Im Gegensatz zu dem Geschichtsbild auf der Basis der Konzeption der Neolithischen Revolution, das mit einer eindimensionalen Fortschritts-Vorstellung verbunden ist, kann die Konzeption der Mesolithischen Revolution die vollen Fakten der beiden Seiten der historischen Entwicklung wahrnehmen und deuten: Fortschritt *und* Eskalation.

Diese zwei Seiten der historischen Entwicklung haben ihren Grund in den Voraussetzungen, unter denen sie begann. Die allererste Voraussetzung waren die gigantischen Naturkatastrophen am Ende der Eiszeit.

Unter dieser ersten Voraussetzung kommt die Mesolithische Revolution als die zweite Voraussetzung in ihrer konkreten Begründung der historischen Entwicklung hinzu.

Es ist deswegen von größter Bedeutung, die Mesolithische Revolution adäquat in das Verhältnis von Anthropologie und Geschichte einzuordnen. Denn im Unterschied zu der immer noch gängigen Geschichts-Vorstellung erklärt sich die Entstehung der historischen Entwicklung weder als Schub noch graduell als Optimierung der vorausgehenden humanevolutionär entwickelten Kultur.

Die neuen historischen Entwicklungen, die am Ende der Eiszeit einsetzen, sind nicht der Beginn der Kulturentwicklung. Der Beginn der Kulturentwicklung ist vielmehr der Sachverhalt der eigentlichen Humanevolution, die im Vorfeld vor unserer Art Homo sapiens ihr evolutionär vollgültiges Ergebnis erreichten. Wir Homo sapiens könnten kein kulturales – d.h. auf die Installation einer menschlich hinreichend entwickelten Kultur angelegtes – Wesen sein, wäre dem nicht so.

In Wirklichkeit ist eher das Gegenteil der Fall. Wohl gelang es – anders als vielen höheren Tierarten – dem Menschen, in den gigantischen Naturkatastrophen am Ende der Eiszeit dem Aussterben zu entkommen, doch verbreitet auch nicht viel mehr.

Es ist also völlig gegenstandslos, die humanevolutionär entwickelte Kultur des Homo sapiens vor dem Ende der Eiszeit als „noch primitiver" einzuschätzen. Tatsächlich hatte sie auf der menschlichen und auf der sozialen Ebene ein Gesamtniveau, das historisch bislang noch nicht wieder erreicht worden ist (insbesondere im Geschlechter-Verhältnis sowie in der Steuerung seiner Sozialverhältnisse auf der Basis gemeinschaftlicher Kommunikation, worin auch die einzige biologische Alternative zu Herrschaft und Gewalt liegt). In technologisch-organisatorischer Hinsicht zeigte sie freilich eine historisch entscheidend gewordene Grenze (s.u.).

Aufgrund der gigantischen Naturkatastrophen entstanden am Ende der Eiszeit – insbesondere im Nahen Osten – gravierende Notstandsprobleme. Auch der Umbau der Sprache ist ein deutlicher Anhalt, dass man – wohl insbesondere bzgl. der Phase der ursprünglichen Jugend-Initiation – nicht mehr genug Zeit fand, eine wirkliche Sprach-Beherrschung, Kommunikation und die Fähigkeit zum Konflikt-Umgang (insbesondere im Geschlechter-Verhältnis und vor allem in Sache Liebe) zu erlernen. Damit war die Grundlage der menschlichen Existenz im Mark getroffen, und dies sollte – recht unmittelbar - entsprechende Folgen zeitigen.

Es war am Ende der Eiszeit im Nahen Osten nicht mehr möglich, seine Verhältnisse auf der Basis von gemeinschaftlicher Kommunikation zu steuern, was der evolutionär entscheidende Sachverhalt der humanevolutionären Entwicklung (von Kultur) gewesen war. Autoritäre Strukturen bis zu Despotien mit Sklaverei und Barbareien waren die unabdingbaren Folgen. Ohne eine hinreichende Ausbildung an Kommunikation war man erst nicht mehr in der Lage, Konflikte um Ressourcen zu klären. Von hier aus kam es zunächst insbesondere im Nahen Osten zur Entwicklung von Kriegertum, Kämpfen und Militarismus. Die Aborigines-Kultur belegt, dass sich dies im Allgemeinen selbst unter überaus prekären Verhältnissen vermeiden ließ, wo man noch zureichend über die Fähigkeit zu Kommunikation verfügte.

Die Mesolithische Revolution spielt in diesem Prozess eine durchaus ambivalente Rolle. Sie hat hier *von Anfang an* ihre zwei Seiten. Man kann hier wohl kaum hoch genug veranschlagen, was sie hier – vermutlich insbesondere über ein enormes Engagement einer Reihe von Persönlichkeiten – geleistet hat. Dass der Nahe Osten nicht schon am Ende des (Epi-) Paläolithikums oder am Ende des Frühen Mesolithikums in Chaos und Kämpfen endete, war alles andere als selbstverständlich. Die Entwicklung des mittelmesolithischen Völker-Rechts-Bundes und die spätmesolithische Organisation von Göbekli Tepe sind Beispiele für diese enorme Leistung.

Doch dürfen diese enormen Leistungen nicht darüber hinwegtäuschen, dass ihre Begründung der historischen Entwicklung von Anfang an mit *substanziellen* Mängeln verbunden war.

Diese substanziellen Mängel lassen sich jedoch nicht *ursächlich* der Mesolithischen Revolution zuschreiben. Mit vollem Recht würden die damaligen Verantwortlichen sagen, dass unter den entstandenen Gegebenheiten damals mehr nicht möglich war und ihre Provisorien auch gar nicht darauf angelegt waren, als dauerhaftes Fundament zu dienen.

Doch genau dies ist mit den ganzen entsprechenden Folgen **bis heute** der Fall. Damals kamen schwieriger Weise schon vor wirklichen Lösungen weitere Naturumbrüche sowie weitere Folge-Probleme hinzu, dass die rein situativen Notlösungen zum Fundament für die weitere historische Entwicklung bis heute wurden.

So können diese substanziellen Mängel nur als Vermächtnis, nicht aber als >Schuld< der Mesolithischen Revolution betrachtet werden, und Analoges gilt auch für die bisherige historische Entwicklung insgesamt. An Engagement und an Lösungsversuchen der entstandenen Probleme hat es von Anfang an nie gefehlt, aber an allgemeiner menschlich-sozialer Kultur wie einem zureichenden Überblick, von dem sich die entstandene Lage wie auf einer geographischen Weltkarte verstehen ließ. So geriet man über die unterschiedlichen Einschätzungen der Lösungen schon im Mesolithikum in Kämpfe und Kriege, die alles noch schlimmer machten.

Auch unsere bisherige Weltgeschichts-Karte mit der Neolithischen Revolution zeigt, mit welchen Fehleinschätzungen diese Entwicklung bis heute noch immer verbunden ist und welche damaligen Verluste an unabdingbarer Software für ein fähiges Sozial- und Beziehungs-Leben man gemeinhin heute noch immer nicht in den Blick bekommen hat.

Bei unserer Thematik sind vor allem die Bestandteile des >mesolithischen Pakets< der Mesolithischen Revolution in Hinsicht auf die substanziellen Mängel in Augenschein zu nehmen.

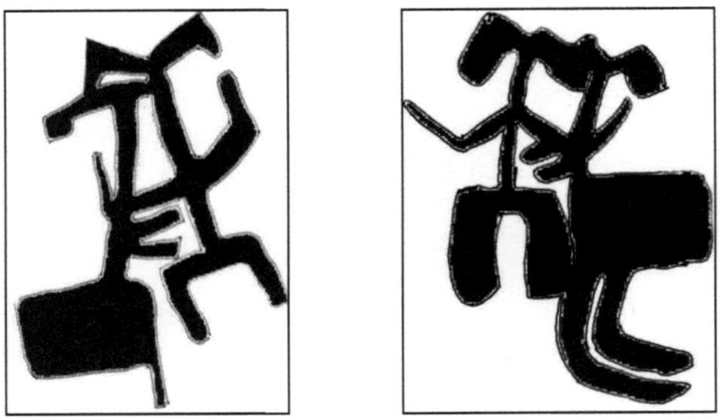

Auszüge *aus Szenen aus dem Latmos-Gebirge bei Milet (Südwest-Türkei),* „einer der heiligen Berge Kleinasiens.“ [117] *In den Höhlen und versteckten Ecken im Gipfel-Bereich finden sich zahlreiche Malereien, deren „Hauptgegenstand die Familie ist“* (ebd.). *Entsprechend werden die obigen Szenen als Hochzeiten gedeutet.*

[117] A. Peschlow-Bindokat, in: Badisches Landesmuseum: Vor 12.000 Jahren, S. 162 ff. *Nachzeichnung* nach dortigen Abbildungen (Ausschnitte).

6.1 Zur historischen Sprach-Anlage

Die neue Sprach-Anlage der Mesolithischen Revolution war die Voraussetzung für die neue Sozial-Organisation, und sie bedeutete die Ermöglichung des historischen Fortschritts. Insofern war sie von *konstitutiver* historischer Bedeutung, und *insofern* war sie auch produktiv.

Dennoch verknüpfen sich mit ihr auch fundamentale Probleme, und insofern ist sie auch *von Anfang an* eine zentrale und **entscheidende** Ursache für die eskalativen Entwicklungen in dem bisherigen Geschichts-Prozess, zuerst offenbar insbesondere im Nahen Osten. Diesem Sachverhalt gebührt eine entsprechende Beachtung, nicht nur in Bezug auf das Verständnis der frühgeschichtlichen Entwicklung. Doch auf jeden Fall lässt sich die damalige Phase ohne Einsichten in die damalige Sprach-Entwicklung nicht – adäquat – verstehen.

Ausgangspunkt dieser Situation ist die Verfassung der humanevolutionär entwickelten Sprache, die effektive Gründe hatte. Doch sie hatte in der nahöstlichen Situation am Ende der Eiszeit ein entscheidendes Problem: sie band in ihrer gesamten Anlage an die humanevolutionär entwickelte Kultur.

Wenn man ihre gänzlich andere Sprach-Anlage erfasst, versteht man, dass in ihr an sich durchaus ein Optimum erreicht war, das uns immer noch als Vorbild dienen kann (mit Ergänzung unserer Fachbegriffe). Diese Sprach-Anlage selbst war an sich *nach oben* offen genug für Weiterentwicklungen – sofern sie auf menschlicher Authentizität und gemeinschaftlicher Kommunikation basierten. Von unserer heutigen Sicht wird freilich deutlich, dass dies unter den damaligen Voraussetzungen zu enge Grenzen hatte. Es stellt sich einfach nicht dar, dass man von sich aus über die paläolithische Kultur hinausgekommen wäre. Es waren insgesamt zu viele historische Entwicklungen notwendig, um Kultur auf der heute ersichtlichen Basis begründen zu können (→ Kap. 8).

Tatsächlich zeigt sich vor allem an diesem Punkt, dass sich die Entstehung der historischen Entwicklung nicht als direkte Weiterentwicklung erklärt. Ohne die Dimensionen der von dem damaligen geologischen Umbruch ausgelösten Krisen insbesondere im Nahen Osten wäre es dazu nicht gekommen.

So kam es einerseits mangels eines zureichenden Verstehens der ursprünglichen Sprache des Homo sapiens und andererseits aktiv als Neuentwurf der Mesolithischen Revolution zu der historischen Sprach-Anlage, die in der uns bekannten Wiese auf der reinen Basis von Vokabular und Grammatik basiert. Dies ist entgegen gängiger Annahmen mitnichten selbstredend, sondern das effektive Produkt der Mesolithischen Revolution, das sich mit seinem >mesolithischen Paket< mitsamt der Stämme-Konzeption usw. in dem mittelmesolithischen Völker-Rechts-Bund tendenziell weltweit verbreitete.

Diese Anlage ist kein ursprünglicher Sachverhalt der Sprache des Homo sapiens und keineswegs >natürlich<. Denn eine Sprache aus lediglich Vokabular und Grammatik reicht für unsere neurologische Anlage gar nicht hin.

Die Sprachform aus Vokabular und Grammatik ist vielmehr die Entwicklung und Stufe der Hominiden vor der eigentlichen Humanevolution, die noch auf der genetischen Verhaltenssteuerung basierte. Diese Sprachebene diente – modern formuliert – dem Zweck von Produktion und Dienstleistung. Sie entstand neurologisch als Verlängerung des Potentials an Großhirn-Intelligenz, und dies kommt auch in dem ungeheueren evolutionären Großhirn-Schub der Hominiden nach den Menschenaffen seit der Ära vor 2,5 Mio. Jahren zum Ausdruck. Doch basiert sie noch auf der genetischen Verhaltenssteuerung der Tier-Stufe. Sie ist lediglich eine – wenn auch beträchtliche und eigene evolutionäre – Erweiterung des Potentials der genetischen Verhaltensprogramme. Eine Selbststeuerung seiner Beziehungen, seiner Person und der Sozialkontexte ist mit der bloßen

Sprach-Ebene von Vokabular und Grammatik neurologisch keine Möglichkeit.

Sehr wohl baut die humanevolutionäre Entwicklung auf diesen unter den Hominiden entstandenen Grundlagen von Großhirn und Sprache auf. Insofern gab es in der eiszeitlichen Sprache des Homo sapiens durchaus auch Vokabular und Grammatik, aber in einer völlig anderen Technik, die sich so grundlegend wie die Buchstaben- von der Hieroglyphen-Schrift oder gar wie die lediglich 10 Ziffern unseres Dezimalsystems von den beliebig vielen Zahlen unterscheidet.

Doch es ist genau der Punkt – der mit der Mesolithischen Revolution durchschlug -, dass wir das Eigentliche von Sprache des Homo sapiens gar nicht mehr mit Sprache und auch nicht mit Verhaltenssteuerung und Kommunikation in Verbindung bringen. Vokabular und Grammatik sind jedoch in der Neurologie von uns Homo sapiens nur die >Oberflächenstruktur< (Chomsky) oder die äußere Form, in der wir >Sprache< *handhaben*, was etwas ganz anderes ist. Das Eigentliche von Sprache bei Homo sapiens besteht in >Neuropsychogrammen<: in sehr bestimmten Bildern und Geschichten, in denen die menschliche Existenz fassbar und bearbeitbar wird. Ein wirkliches Denken und eine wirkliche Kommunikation sind unabdingbar auf entsprechende Bilder und Geschichten angewiesen.

> „Der heutige Mensch misst seiner Fähigkeit zu abstraktem Denken zuviel Bedeutung bei. Zwar verdanken wir dieser Fähigkeit einige nützliche Arbeitsmethoden, doch sind wir für ein wirkliches Verständnis abstrakter Gedanken auf einen reichhaltigen Vorrat von Bildern aus dem realen Leben angewiesen. Könnten wir nicht auf diese Erfahrungen zurückgreifen, blieben die abstrakten Gedanken trockene, leblose Wortaneinanderreihungen, die in uns keine lebendigen Vorstellungen wecken.“ [118]

---

[118] John McCrone: Als der Affe sprechen lernte, S. 152

„Erfahrung und Handeln sind nicht möglich, wenn sie nicht ikonisch organisiert sind. Die >Speicherung im Gehirn< von allem, was lebendig ist, muss ikonisch erfolgen. Es ist dies die endgültige Form der Speicherung […].“ [119]

Als 4. seiner >5 Goldenen Erkenntnisse< der Paar-Kommunikation formuliert der Psychoanalytiker Michael Lukas Moeller:

„Ich möchte in unserer Beziehung lernen, mich in konkreten Erlebnissen und nicht in Begriffen zu erläutern, weil Bilder und Geschichten erst wirklich tief gehend und umfassend wiedergeben können, wer ich bin – und wer Du bist.“ [120]

Das Entscheidende der humanevolutionären (Weiter-) Entwicklung von Sprache war jedoch, dass man über eine bloße Ansammlung von Wörtern, Bildern und Geschichten zu einer die Didaktik und seine Kulturverfassung (incl. Utopie, Moral, Recht) umfassend integrierten Gesamtanlage kam. Diese sprachliche Gesamtanlage ist ursprünglich die Mythologie, die hier *unbedingt* von der historischen (Sozial-) Mythologie (= *Ideologie*) zu unterscheiden ist. Die ursprüngliche Mythologie ist nichts als die sprachliche Entsprechung unserer Psychologie und Neurologie als Homo sapiens und basiert auch folgerichtig auf einem (>anthropomorphen<) *Bild* des Menschen. Sie ist die eigentliche humanevolutionäre Form von Sprache.

„Sprache ist in Mythen begründet (Mythos heißt in seiner ersten Bedeutung das Wort), und der Mythos umfasst noch beides, den Primär- wie den Sekundärvorgang, die Vergangenheit wie die Zukunft, die Emotionalität und das rationale Erklärungsbedürfnis.“ [121]

---

[119] Oliver Sacks: Der Mann, der seine Frau …, S. 199
[120] Michael Lukas Moeller: Die Liebe ist das Kind der Freiheit, S. 16
[121] Wolfgang Schmidbauer: Wie Gruppen uns verändern, S. 149

In der Tat: „Am Anfang war das Wort" = der *Mytho=Logos* (*Wort* = dän. *ord* = lat. *ordo – Ord*nung in Parallele zu *logos – lex - Logik*). Die Mythologie als die erzählte Form der sprachlichen Semantik war in der humanevolutionären Entwicklung die didaktisch und als Sprache aufbereitete *Essenz* der Lebens-, Kultur- und Selbst-Erfahrung und Menschenkenntnis. Durch die Mythologie wurde der Mensch diskursiv, bewusst, *Subjekt, Kommunikations-* und *Kulturwesen.* Durch die Mythologie als dialogischem Verhältnis zu den Kindern lernte sich der Mensch in seiner Bewusstseins-Entwicklung, in seinen emotionalen Bedürfnissen, in seinen Lernformen und Wahrnehmungen kennen und begreifen. Durch die Mythologie lernte sich der Mensch als *Mensch* verstehen. So verstanden war in der Tat der Logos der Anfang: die Mythologie die Grundlage für das Hinauskommen des Menschen über die Tierstufe.

Mit einer Sprache aus lediglich Vokabular und Grammatik sind nur Produktion und Dienstleistungen unter der Voraussetzung einer genetischen Verhaltenssteuerung und bei uns Homo sapiens nur in völliger Verinnerlichung der Sozialisation wie auf Vorgabe von oben möglich. Nichts bringt die Notstandsproblematik seit dem Ende der Eiszeit besser zum Ausdruck.

Doch stand hinter der organisatorischen Entwicklung der Mesolithischen Revolution bis in das Späte Mesolithikum hinein ein überaus sozial motiviertes Engagement, das sich der zivilisatorischen Entwicklung vererbte. Bei allen eskalativen Problemen, die vor allem in der neurologisch unqualifizierten historischen Sprach-Anlage und in dem Mangel an Verstehen von Sprache als *Sprache* ihre Ursache haben, gab es immer auch bedeutsame Kräfte, die in ihrer sozialen Ausrichtung gesellschaftliche Besserungen einbrachten und hierbei sogar historische Fortschritte erreichten.

So gibt es von daher heute genug an Know How, um das Eigentliche von Kommunikation, Sprache und Kultur rekonstruieren und neu aufbauen zu können.

6.2 Die Begründung der Sozial-Organisation

„Dabei scheint es Allgemeingut der Kulturen zu sein, dass Staat und Gesellschaft religiös fundiert sind, d.h., ihre Ordnungen gelten nicht als etwas von Menschen zu einem bestimmten Zweck Geschaffenes, sondern als >Satzungen< vorgegebener und heiliger Art: sie sind ein Stück Religion.“ [122]

„[...] andererseits sind sich die Wissenschaftler heute darüber einig, dass es sich bei den ältesten Stadtzentren um zeremonielle Komplexe handelte. P. Wheatly hat die religiöse Intention und Funktion der ersten Städte in China, Mesopotamien, Ägypten, Mittelamerika usw. überzeugend bewiesen. Die ältesten Städte wurden im Umkreis von Heiligtümern erbaut, d.h. in der Nähe einer heiligen Stätte, eines >Weltmittelpunktes<, an dem man die Kommunikation zwischen Erde, Himmel und Unterwelt für möglich hielt.“ [123]

Dass es am Ende der Eiszeit zu der neuen menschheitsgeschichtlichen Entwicklung kam, erklärt sich nicht aus der Nahrungsproduktion, sondern letztlich allein durch die neuartige Sozial-Anlage der Mesolithischen Revolution. Erst die neuartigen organisatorischen Größenordnungen machten diese Entwicklungen zu einem historischen Faktor.

Sie waren mit ihren die Dörfer übergreifenden Netzwerken der Hintergrund dafür, dass es überhaupt zu einer systematischeren Entwicklung der Nahrungsproduktion kommen konnte, statt sich gegenseitig zu ruinieren. Die Anlage von Göbekli Tepe ist dafür ein sicherer Beleg, und sie bringt dabei gleichzeitig etwas von den längst entstandenen Dimensionen an Organisation zum

[122] Eberhard Otto, in: Saeculum Weltgeschichte, Band 1, S. 10
[123] Mircea Eliade: Geschichte der religiösen Ideen, Band I, S. 123 f.

Ausdruck. Dass die Gegend und Zeit mit der Züchtung des Weizens in Verbindung steht, stellt sich alles andere als Zufall dar.

Doch so sehr diese neuartige mesolithische Sozial-Anlage als der zentrale Faktor dafür zu sehen ist, dass im Nahen Osten ein Entwicklungsprozess zum Ausgang der historischen und zivilisatorischen Entwicklung wurde, so sehr ist auch hierbei zu beachten, dass sich die neuartige Sozial-Anlage alles andere als eine natürliche, überhaupt gewollte und organisch geschaffene Entwicklung darstellt. Das belegt sich in den Krisen des mittelmesolithischen Völker-Rechts-Bundes über das Ende von Göbekli Tepe bis zur Neolithischen Revolution usw. Es war von Anfang an ein technokratisches System, das wohl angesichts des entstandenen Notstands notwendig wurde – doch war in ihr der Mensch nur Objekt (auch gerade dort, wo er dies nicht einmal bemerkte).

Dass hier eine „mythologische" Grundlage in diesem Sozialprozess notwendig war, macht dies unmissverständlich deutlich. Diese *Art von* „Mythologie" war, wie gezeigt, zumindest in dieser Form nichts paläolithisch Ererbtes.

Die Entstehung dieser historisch neuartigen Sozial-Anlage erklärt sich ursächlich *ausschließlich* durch soziale Notstands- und Chaos-Probleme. Die natürliche Entwicklung hätte auf kommunikativen Absprachen basiert, war die Steuerung seiner Sozialverhältnisse auf der Basis gemeinschaftlicher Kommunikation der zentrale Sachverhalt der humanevolutionären Entwicklung (als Hintergrund der Aneignung der genetischen Verhaltenssteuerung).

Doch hat die neuartige mesolithische Sozial-Anlage ihren Grund genau darin, dass man unter den am Ende der Eiszeit entstandenen Notstands-Problemen zu der gemeinschaftlichen Kommunikation seiner Verhältnisse nicht mehr in der Lage war. Sowohl die ursprünglichen Sozialverhältnisse als auch die anspruchsvolle humanevolutionär entstandene Sprach-Anlage waren unter den entstandenen Notstands- und Chaos-Problemen aus den Fugen geraten. Die neuartige historische Sprach-Anlage bestätigt und erklärt auch diesen Zusammenhang.

Der hier bezeichnende und entscheidende Sachverhalt ist die Entstehung der Sozial-Mythologie als der Grundlage der neuen Sozialverfassung. Diese Sozial-Mythologie ist das Produkt und eine Funktion der neuen mesolithischen Gesellschaftsorganisation (zuerst namens Stamm), insbesondere als Ersatz in den Bereichen, in denen Regelungen nicht mehr auf der Basis von Kommunikation möglich waren (sei es mangels Verstehen der entstandenen Verhältnisse oder mangels Konsens über die Konsequenzen). Es geht bei dieser >Mythologie< nicht um >Religion<, sondern um Politik bzw. soziale Manipulation. Es ist jedoch bezeichnend, dass – schon in der Begründung von >Geister-Kulten< → S. 168 – dieser Unterschied oft nicht mehr erfasst wird (was von einer wirklichen Wissenschaft jedoch zu erwarten ist, sonst ist sie keine).

Wie schon ausgeführt, ist die Konzeption >Stamm< als die erste Form der historisch neuartigen Sozialorganisation als der zentrale Punkt der Mesolithischen Revolution zu sehen. Diese Konzeption ist nichts Natürliches und kein Sachverhalt der humanevolutionären Entwicklung und Kulturen, die sich vielmehr auf der Basis von Kommunikation in Verbänden und Netzwerken organisierten.

Dass in der Stämme-Mythologie der individuellen Identität, die als *konstitutiver* Kern der humanevolutionären Entwicklung zu sehen ist (Selbststeuerung, Kommunikation usw.), keine eigentliche Rolle mehr zukam, ist nicht an sich die Schuld der Konzeption des Stammes. Zunächst ist dies vielmehr ein weiterer Ausdruck der entstandenen Notstands-Probleme. Dennoch bleibt zu sehen, dass die hier aufkommende Sozialentwicklung den Notstand mit der Missachtung des Individuums in ihren Sitten und Gesetzen bis in die jüngste Zeit hinein festschrieb und damit eine Eskalation der entstandenen menschlichen Entfremdung einleitete. Die Notstandsprobleme nach den Naturumbrüchen am Ende der Eiszeit sind ganz in diesem Sinne menschlich selbst produziert: die etablierte und verinnerlichte

Kultur des Notstands als der Dynamik des historischen Prozesses.

Es bleibt freilich zu beachten, dass diese neuartige Sozialkonzeption zur *Lösung* der entstandenen Probleme entwickelt und eingeführt wurde und dass sie durch ihre neuartige Größenordnung auch eine produktive Komponente und Dynamik hatte. Das belegt sich auch darin, dass man, als die frühmesolithische Stämme-Entwicklung aus dem Ruder lief, zu der neuen Konzeption des mittelmesolithischen Völker-Rechts-Bundes fand.

Doch so bedeutsam die neuartigen Größenordnungen der sozialen Organisation waren, so problematisch waren ihre Grundlagen. Die Sozial-Mythologie war der Punkt, an dem diese Entwicklung sehr bald entgleiste und in ein noch ganz anderes Chaos führte: der Ausgangspunkt der selbst verschuldeten Unmündigkeit und geistig-weltanschaulichen Verworrenheit. Hier liegt ein Kernpunkt, den es, sofern man an Zukunft interessiert ist, zu bewältigen gilt.

Das Wichtige dieser neuen Sozialorganisation, die den historischen Fortschritt möglich machte, war eine über die einzelnen Kleinverbände hinausgehende *verbindliche* Organisationsstruktur. Sie ermöglichte es in ihrem positiven Aspekt, unnötige Kämpfe um Ressourcen zu vermeiden und Projekte (wie die Forschung oder Computer-Technologie) zu entwickeln, für die die einzelnen Kleinverbände weit zu klein waren. Das galt schon für die Entwicklung einer zureichenden Nahrungsproduktion selbst.

Produktiv kann aber eine solche Sozialorganisation nur sein, wenn sie nicht das Problem der menschlichen Entfremdung in Persönlichkeit und Sozialverhältnissen festschreibt, sondern bei entsprechenden Bemühungen deren Überwindung unterstützt. Dazu ließe sich eine Menge aus den humanwissenschaftlichen Forschungen ausführen, doch geht dies über den Rahmen des Themas dieses Buchs hinaus. So will ich es hier bei ein paar wenigen Zitaten belassen.

„Wir sind Gruppenwesen, keine Gesellschaftswesen […]. Unser Ursprungsmilieu war weniger die Savanne als die kleine Gemeinschaft von 25 bis 29 Personen, von denen die Hälfte Kinder waren. Die Kleingruppe ist unser angemessenes Urmilieu. Erst seit der neolithischen [*mesolithischen*] Revolution vor etwa [*drei-*] zehntausend Jahren sind wir aus diesem Paradies, auf das wir uns körperlich, seelisch und geistig entwickelt haben, vertrieben. Die sich mit der Ackerbaukultur bildenden Großgesellschaften entwickeln sich nach vollkommen anderen Gesetzen. Sie folgen den Gesetzen der >Gesellschaftsmechanik<, wie Norbert Elias es nennt […]. Die Gesellschaft ist und bleibt menschenfern, obwohl sie von uns zwangsläufig selbst gemacht wird.“

Michael Lukas Moeller, Psychoanalytiker [124]

„Soziologen haben in Untersuchungen herausgefunden, dass eine >natürliche Gruppe<, die nur von Klatsch zusammengehalten wird, maximal aus 150 Personen bestehen kann. Mit mehr Menschen können wir keine engen Beziehungen pflegen, und über mehr Menschen können wir nicht effektiv tratschen. Das ist bis heute die magische Obergrenze unserer natürlichen Organisationsfähigkeit. Bis zu einer Größe von 150 Personen reichen enge Bekanntschaften und Gerüchte als Kitt für Gemeinschaften, Unternehmen, soziale Netzwerke und militärische Einheiten aus, und es sind keine Rangabzeichen, Titel und Gesetzbücher nötig, um Ordnung zu halten.“ [125]

„Über die längste Zeit seiner Geschichte lebte der Mensch nun in individualisierten Kleinverbänden. Jeder kannte jeden […]. Das hat sich […] geändert. Wir leben inmitten von Menschen, die wir nicht kennen. Das agonistische System wird dadurch ständig aktiviert, und wir erleben den fremden Menschen als Stressor. Das macht sich in verschiedener Weise bemerkbar. Die Auszählung der Gehgeschwindigkeit von Menschen in verschiedenen Städten ergab, dass Personen umso schneller

---

[124] Michael Lukas Moeller: Der Krieg, S. 40

[125] Harari: S. 40. Dort auch weitere Literatur

dahinhasten, je größer die Städte sind, als wären sie in einer Art Flucht begriffen. Des Weiteren entwickelten Großstädter Strategien der Kontaktvermeidung. Erving Goffman beschrieb als >polite inattention< die Tatsache, dass man den Blickkontakt mit Fremden vermeidet, er gilt als unhöflich und herausfordernd." [126]

„Die neurophysiologische Ausrichtung auf eine soziale Einsicht von der Größe einer Jäger/Sammler-Gruppe – in der Regel kaum mehr als 40 Personen – war über lange Zeiträume tief verankert und erlaubte es, frühen Menschengruppen, wie auch noch heutigen Stämmen auf gleicher Stufe, in Harmonie mit der Natur und miteinander zu leben. [...]. Aber die steigende Population von Ackerbau treibenden Gemeinschaften überschritt die Toleranzgrenze der biologischen Mechanismen, die den Ablauf sozialer Interaktion steuerten." [127]

„Im Grunde dreht sich die Geschichte nach der landwirtschaftlichen Revolution um eine einzige Frage: Wie organisierten die Menschen ihr Zusammenleben in großen Gruppen, obwohl ihnen jeglicher biologischer Instinkt dazu abging? [...] Die Gesellschaften, die daraus hervorgingen, waren nämlich weder neutral noch gerecht. [...] Man bekommt beinahe den Eindruck, als bräuchte eine komplexe Gesellschaft Hierarchien und Diskriminierung." (Der israelische Historiker Yuval Harari: 168; 171)

Hierarchien und Diskriminierung sind aber lediglich die Folgen der in der Sozial-Mythologie begründeten Organisation, und sie sind Ausdruck mangelnder Kultur- und ggf. Persönlichkeits-Entwicklung. Sehr wohl ist eine komplexe Gesellschaft auf der Basis von menschlicher Erwachsenheit vorstellbar, ja im Falle von Zukunft auch deren notwendige Folge und Voraussetzung.

---

[126] Irenäus Eibl-Eibesfeld: Krieg und Frieden, S. 28 f.
[127] A. David. Jonas, in: Richard Fester: Weib und Macht, S. 216 f.

6.3 Die neue Kultur-Auffassung

Es muss hier nun nicht mehr groß erläutert werden, dass sich die neue kulturelle Konzeption der Mesolithischen Revolution aus den Anforderungen der am Ende der Eiszeit aufgekommenen Notstands-Probleme erklärt. Dazu gehören der immens gesteigerte Aktivismus in Bezug auf seine Reproduktion mit den daraus folgenden typischen Zivilisations-Krankheiten und die Ausrichtungen auf den eigenen Stamm, auf das Private, auf Privilegien, Macht, Status und einen materiellen Wohlstand.

All diese Ausrichtungen sind von entsprechenden Erfahrungen an Notstand sehr gut verständlich, doch erklären sie sich auch *ausschließlich* von dort her.

Das Tragische der Entwicklungen der Mesolithischen Revolution war nun, dass sie in ihrer ganzen Kultur incl. Sprache, Sitten und Gesetze das Notstands-Problem verinnerlichte und auch festschrieb. Als dann das Problem der Naturumbrüche vorbei war und genügend Nahrung und Produktion existierten, löste sich das Notstands-Problem nicht etwa auf. Vielmehr schlug es nun erst recht als Bewusstsein und Verhalten durch. Die weitere Notstands-Problematik in der historischen Entwicklung bis hin zu den regelmäßigen Zusammenbrüchen der vermeintlichen „Hochkulturen“ hat hierin ihren Grund. So bringt man es heute mitten im Überfluss fertig, Armut und soziales Elend zu produzieren, und das bleibt, wie die frühere Geschichte zur Genüge zeigt, nicht ohne Folgen.

Bestimmte Großartigkeiten stellen sich ausschließlich durch die Notstands-Brille dar. Bei allen empfundenen Attraktionen verbleibt man damit in dem historisch tradierten und für >Normalität< gehaltenen Notstands-Problem, wo die Lösung des Notstands und ganz Anderes an wirklichen Lebens-Qualitäten längst möglich wäre.

Felszeichnung am Wadi Berdschug (Nordafrika)

Nachzeichnung nach:
Paul Frischauer, Kleine Kulturgeschichte S. 466

7 Zur Bedeutung des Theorems der Mesolithischen Revolution

„Man kann daher die Psychogenese des Erwachsenenhabitus in der zivilisierten Gesellschaft nicht verstehen, wenn man sie unabhängig von der Soziogenese unserer >Zivilisation< betrachtet. Nach einer Art von >soziogenetischem Grundgesetz< durchläuft das Individuum während seiner kleinen Geschichte noch einmal etwas von den Prozessen, die seine Gesellschaft während ihrer großen Geschichte durchlaufen hat. […]
Die soziogenetische und psychogenetische Untersuchung geht darauf aus, die Ordnung der geschichtlichen Veränderungen, ihre Mechanik und ihre konkreten Mechanismen aufzudecken […].“

Norbert **Elias**: Über den Prozess der Zivilisation, S. LXXIV f.; LXXVII

„Die vergleichende Perspektive [*der* ***Kulturanthropologie***] bringt auch eine Berücksichtigung der zeitlichen Dimension mit sich. Das heißt, sie besteht darauf, dass wir, um die industrialisierten, staatlich organisierten Gesellschaften der Gegenwart zu verstehen, mit dem vertraut sein müssen, was ihnen vorhergegangen ist; wir müssen also die staatenlosen, nichtindustriellen Gesellschaften kennen, aus denen sich die modernen Gesellschaften entwickelt haben.
Uns steht eine einigermaßen vollständige Dokumentation der Gattung Mensch zur Verfügung, die zeitlich fast fünf Millionen

Jahre zurückreicht. Die ersten Bodenbau treibenden Gesellschaften traten erst vor ungefähr 10.000 Jahren [*eher vor 11.500 Jahren*] auf, die ersten staatlich organisierten Gesellschaften erschienen erst vor etwa 6000 Jahren; und die Industriegesellschaft hat erst vor 200 Jahren begonnen, sich im großen Maßstab durchzusetzen. Sicherlich können wir nicht hoffen, uns selbst zu verstehen, wenn wir die Berichte über die früheren Lebensformen ignorieren. [...] Man kann z.B. die Ausübung von Herrschaft in modernen politischen Institutionen nicht völlig verstehen ohne einige Vertrautheit mit Gesellschaften, in denen es keine politische Herrschaft gibt und formale Institutionen der Rechtspflege fehlen.
[…]
Zweitens ist die Anthropologie holistisch in dem Sinn, dass sie den Versuch macht, die Menschen nicht nur als kulturelle Wesen, sondern auch als *biologische Wesen* [128] zu verstehen. Sie befasst sich mit den physischen oder biologischen Charakteristika der Gattung ebenso gut wie mit den sozialen und kulturellen. Die physische Evolution der Gattung *Homo* und die kulturelle Evolution der Menschheit werden nicht als zusammenhangslos nebeneinander laufend betrachtet. Beide sind nötig für ein richtiges Verständnis davon, was für eine Art von Geschöpfe wir sind.“

Frank Robert **Vivelo**: Handbuch der Kulturanthropologie, S. 39, 41

[128] Das Kursive ist hier meine Übersetzung anstatt >Tiere<. Das wohl im englischen Original gebrauchte *animal* bedeutet ursprünglich >Lebewesen<, vgl. lat. *anima.*

Das Theorem der >Mesolithischen Revolution< stellt in dem schwierigen Verhältnis zwischen Biologie, Kultur und Geschichte den archimedischen Punkt, in dem die überaus unterschiedlichen Erkenntniszugänge der verschiedenen humanwissenschaftliche Bereiche wie auch anderer menschlich-kultureller Erfahrungen wissenschaftlich begründet in ein kompatibles Verhältnis gesetzt werden können.

Mit diesem Theorem ergibt sich zeitlich wie inhaltlich-prozessual ein Anhalt in dem Verhältnis zwischen Anthropologie und Geschichte.

Nach der hier vorgestellten Konzeption ist die >Mesolithische Revolution< der ganz konkrete Umschlag von der humanevolutionär entwickelten Kultur des Homo sapiens in den Prozess der historischen Entwicklung (zuerst vom Paläolithikum auf das Frühe Mesolithikum).

Dies bedeutet, dass der Beginn der historischen Entwicklung nicht als eine *graduelle* Weiterentwicklung der vorausgehenden pleistozänen Kultur begriffen werden kann.

Doch noch weniger bedeuten die konkreten Einsichten in den Prozess der Mesolithischen Revolution, dass sie als ein regelrechter Schub in der kulturellen Entwicklung des Menschen zu sehen wäre. In Wirklichkeit stellt sich eher das Gegenteil dar, nämlich dass die Menschheit in weiten Bereichen durch die gigantischen Naturkatastrophen am Ende der Eiszeit in Chaos und Notstands-Probleme gestürzt wurde.

Zunächst erklärt sich die Mesolithische Revolution als der entscheidende Lösungs-Ansatz *in Hinsicht auf* die damals entstandenen Chaos- und Notstands-Probleme, und als solcher Lösungs-Ansatz verbreitete er sich auch über die Welt. Über diese Lösungen entstanden auch bedeutsame Fortschritte, die sich in dem historischen Prozess auch fortsetzten.

Das aber bedeutet noch lange nicht, dass damit schon die Lösung der entstandenen Probleme *insgesamt* erzielt worden und man schon über den Notstand und den entstandenen Verlust an Kultur hinausgekommen wäre. Im Entscheidenden ist bis heute das für unsere Art Homo sapiens evolutionär notwendige Niveau an Kultur noch nicht wieder erreicht. Das historische Problem der kulturellen Zusammenbrüche ist keineswegs überwunden. Doch sehr wohl ist ein neuartiges Potential entstanden, mit dem nicht nur die Lösungen erreicht werden können, sondern mit dem auch ein völlig neues Kapitel der Menschheit eröffnet werden kann (→ Kap. 8).

Es ergibt sich also, dass der humanevolutionär entwickelte Komplex >Kultur< (als der Software des Menschen) und der Sachverhalt der insbesondere auf Technologie basierenden >historischen Entwicklung< unterschieden werden müssen und (z.B. wie Zweck und Mittel) nicht auf einer direkten Linie gesehen werden können. Auf keinen Fall stellt sich die bisherige >Geschichte< im Gesamtergebnis als eine Optimierung des humanevolutionär entwickelten Bereichs >Kultur< dar (obwohl das Potential dazu heute besteht). Solche Vorstellungen wie >Hochkultur< basieren auf einem unwissenschaftlichen historischen Begriffs-Gebrauch von >Kultur< und auf Vorstellungen des 19. Jh.s.

In diesem Verhältnis zwischen >Kultur< und >Geschichte< kann nun die Mesolithische Revolution in der humanwissenschaftlichen Theorie-Bildung zumindest auf der Ebene einer Weltkarte zeitlich und sachlich als der zentrale Fixpunkt genommen werden. Was wissenschaftlich tatsächlich als >anthropologisch< betrachtet werden kann, muss sich mit der humanevolutionären Entwicklung und der Kultur des Homo sapiens bis zum Ende der Eiszeit in Verbindung bringen lassen (Sprache, Identität, Personalität usw.). Was erst danach in Erscheinung tritt oder auch heute menschlich im empirischen Befund vorhanden ist, ist zunächst dem >Geschichtlichen< zuzuordnen. Niemals kann aus einer unmittelbaren heutigen Empirie schon >Anthropologisches< geschlossen werden, vor allem mental und psychisch nicht, doch letztlich auch Körperlich-Medizinisches nicht (gerade auch die gängige Atmung und der hormonelle Bestand als grundlegende Sachverhalte unseres Stoffwechsels nicht).

Das Theorem der Mesolithischen Revolution bietet hier nicht nur einen zeitlichen Anhalt, sondern auch von den Hintergründen der Naturkatastrophen und dem Notstandsproblem wie mit dem >mesolithischen Paket< auch einen ersten, grundlegenden Aufschluss über das Verhältnis zwischen >Kultur< und >Geschichte<.

Mit diesem Theorem der Mesolithischen Revolution kann zwischen den anthropologischen und den historischen Daten eine wissenschaftlich begründete Kompatibilität der verschiedenen humanwissenschaftlichen Zweige entwickelt werden.

Es stellt die humanwissenschaftliche Begründung in dem Verhältnis zwischen der Kulturologie als der Wissenschaft der kulturalen (Software-) Anlage des Menschen und der Historiologie als der Wissenschaft bzgl. der Gesetzmäßigkeiten in der historischen Entwicklung in Ursachen und Auswirkungen.

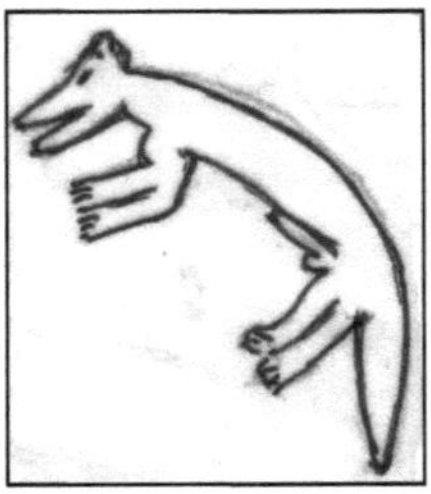

Der Fuchs auf einem Pfeiler von Göbekli Tepe

8 Inmitten einer neuen evolutionären Transformation

Das, was sich aus der übergreifenden evolutionären Perspektive in Hinsicht auf die historische Entwicklung darstellt, ist, dass der geologische Umbruch am Ende der Eiszeit vom Pleistozän auf das Holozän die Menschheit in eine effektiv *evolutionäre* Krise stürzte.

Anders als vielen Tier-Arten gelang es dem Menschen wohl, diese drastischen Naturveränderungen zu überleben, nicht aber, das ursprüngliche humanevolutionär entwickelte menschlich-soziale Niveau an Kultur (insbesondere an Sprache, Kommunikation und im Geschlechter-Verhältnis) zu halten.

Es ist völlig überholt und gegenstandslos, die humanevolutionär entwickelte Kultur des Homo sapiens für irgendwie primitiv zu halten, denn die menschliche Anlage ist nicht primitiv, sondern – man könnte sagen: leider - reichlich anspruchsvoll. Ohne einen zureichenden Erwerb der Fähigkeit zu Selbststeuerung und Kommunikation kommt es unweigerlich zu autoritären Strukturen, Diktaturen, Gewalt und Barbareien – exakt, wie es sich in der historischen Entwicklung ab dem Ende der Eiszeit belegt. Das ist kein Produkt der Humanevolution – ganz im Gegenteil: es ging in ihr genau darum, diese Probleme, die bei den vorausgehenden Hominiden bis ins Aussterben führten, zu überwinden, was endgültig kurz vor unserer Art Homo sapiens auch gelang. Unsere Art war mit ihrer kulturalen Anlage das Produkt dieses Erfolgs.

Die evolutionäre Krise am Ende der Eiszeit war nicht die Folge der Mesolithischen Revolution, sondern die Mesolithische Revolution entstand umgekehrt aus dieser evolutionären Krise. Es gelang in ihr in einigen Hinsichten, bzgl. der damals entstandenen Probleme wichtige neue Ansätze zu entwickeln, dass es hierdurch gar zu einer historischen Entwicklung an Fortschritt kam.

Doch kann deswegen die historische Entwicklung nicht als Ganzes eindimensional als Fortschritt beschrieben werden. Vielmehr schlugen die ungelösten Probleme von Anfang der historischen Entwicklung an als Eskalation durch.

Diese Eskalationen können nicht als >Schuld< der Mesolithischen Revolution betrachtet werden. Die entscheidenden Träger der Mesolithischen Revolution waren (auf jeden Fall bei der entscheidenden Stufe des Mittleren Mesolithikums) von einem eindrucksvollen Bemühen um eine soziale Kultur geprägt, von woher sich die Basis der zivilisatorischen Kultur erklärt (etwa auch in der Mitgift von Çatal Höyük her).

Das große historische Problem des Eskalationen entstand daraus, dass einerseits angesichts der lang andauernden Naturumbrüche das organisatorische Potential nicht zur Lösung der aufgeworfenen Probleme hinreichte, vor nicht im Nahen Osten selbst. So mussten die Verbände im Süden des Nahen Ostens im Späten Mesolithikum wesentlich auf eigene Faust sehen, ihr Überleben zu sichern (>> Ahnen-Kult-Kultur → 5.2).

Hierbei kam nun andererseits hinzu, dass man nicht über eine (taugliche) >Weltkarte< verfügte, von der sich die entstandenen Probleme verstehen ließen. Ohne diese übergeordnete Perspektive hatte man nicht die Möglichkeit, sich seine höchst unterschiedlichen Problemstellungen hinreichend zu vermitteln. So wurden die unterschiedlichen Lösungs-Ansätze, die sich gegenseitig ausschlossen, bald selbst zu der eigentlichen Ursache der Disflikt-Eskalationen. Ohne eine zureichende Basis an Verstehen und Kommunikation wurde wie auf der Tier-Stufe Macht und Gewalt zur – freilich immer nur situativen –

Lösung der menschlichen Konflikte, was jedoch in dieser Form keine Perspektive bot und bietet.

So bleibt nun festzustellen, dass die Ereignisse und Entwicklungen am Ende der Eiszeit gezeigt haben, dass die damalige und bisherige Kultur-Entwicklung noch nicht das evolutionär insgesamt notwendige Niveau erreicht hatte, auf jeden Fall nicht für die Bewältigung eines geologischen Umbruchs und seinen Folgen. Dies ist letztlich der Sachverhalt, mit dem wir bzgl. des bisherigen historischen Prozesses zu tun haben.

Die damals entstandenen Probleme sind kein Zufall. Wenn auch die Naturkatastrophen am >Ende der Eiszeit< außergewöhnlich dramatisch waren, eben Phänomene eines >geologischen Umbruchs< (vom Pleistozän auf das Holozän), so gehört es doch zu dem Sachverhalt der Realitätsfähigkeit einer Art, auch geologische Umbrüche bewältigen zu können. Nicht bloß den >Affen< ist dies - bereits mehrfach - gelungen.

Die Mesolithische Revolution hat eine bedeutsame Mitgift geliefert, die die historische Entwicklung möglich machte. Es müssen nur noch die Probleme behoben werden, die der Mesolithischen Revolution damals – mit leider weiteren Folgen – nicht gelangen.

Es mangelt schon lange nicht mehr an den Angeboten von Nahrung, Produktion, Technologien und Dienstleistung. Bereits in den 1830er Jahren wurde – offenbar zuerst von dem Franzosen Charles Fourier - erkannt, dass in Wirklichkeit längst das Gegenteil das *Problem* ist: das *Überangebot*, das aufgrund der ökonomisch-politischen Zusammenhänge in Kriege und einen allgemeinen gegenseitigen Selbstruin führt.

Das also, woran es im Eigentlichen **seit dem >Ende der Eiszeit< bis heute** mangelt, verknüpft sich mit der Entwicklung von Kultur, Persönlichkeit, Kommunikation und Sprach-Beherrschung zu dem Gesamtbestand eines fähigen Soziallebens.

Dieser Rückfall hinter die Humanevolution besteht in vielem als ein wahrhaft finsteres menschheitsgeschichtliches Mittelalter bis heute fort, und dieser Stand reicht für die Bewältigung der evolutionären Anforderung in sozialer Hinsicht nicht hin. So richtig es auch ist, die >Hochkultur< als menschliche Möglichkeit zu begreifen, so wichtig ist es, überhaupt erst einmal zu verstehen, was Kultur im tatsächlichen Sinn meint: nämlich in der humanevolutionären Ablösung von der genetischen Verhaltenssteuerung die Entwicklung eines fähigen Soziallebens auf der Basis gemeinschaftlicher Kommunikation.

Es ist inzwischen deutlich geworden, dass die Erde keine Scheibe und die Karibik noch nicht Indien ist. Vieles konnte man bislang nicht besser wissen. Inzwischen ist jedoch die Geschichte bis in die ferne Evolution zurück zumindest im Grundsätzlichen überschaubar geworden. Dies bietet die Chance, endlich tatsächlich die Lösung der menschheitsgeschichtlichen Probleme zu erreichen, die am >Ende der Eiszeit< aufrissen und sich bis heute fortsetzten. Ökonomisch, technisch und in Know How steht dafür alles Potential zur Verfügung. Es ist inzwischen deutlich geworden, dass sich so manches auf der sich nun abzeichnenden neuen historischen >Weltkarte< doch recht anders darstellt als bislang gedacht. Die Karibik war noch nicht Indien, aber Indien wurde doch erreicht. Das Erreichen der menschheitsgeschichtlichen Neuzeit ist eine echte Möglichkeit, und dieser Prozess ist nun endlich auch effektiv verortbar geworden.

Was der Sachverhalt einer evolutionären Krise bedeutet, können wir nun also selbst erleben. In einem gewissen Sinn befinden wir uns wieder in der gleichen Lage wie in der humanevolutionären Krise vor Homo sapiens.

Die historische Entwicklung von Technologie und Wissenschaft zeigt in einem gewissen Rahmen durchaus Sinn und auch Notwendigkeit. Doch alles hängt davon nun ab, den am >Ende der Eiszeit< entstandenen Rückfall hinter die Humanevolution mit Macht, Gewalt, Popanz und all den weiteren Formen kultureller Verwahrlosung zu überwinden.

Wenn dies gelingt, dann werden wir eine neue Ära der Menschheit erreichen, in der die kulturelle Entwicklung auf eine höhere technologische Stufe gestellt ist und in der die Technologie wieder menschlich und sozial angeeignet ist. Es geht nicht um ein Zurück zur „Natur“, sondern um das Zurück zu Kultur: um die erneute Aneignung von Kultur, was am Ende der Eiszeit mit sehr entsprechenden Folgen aus dem Griff geriet.

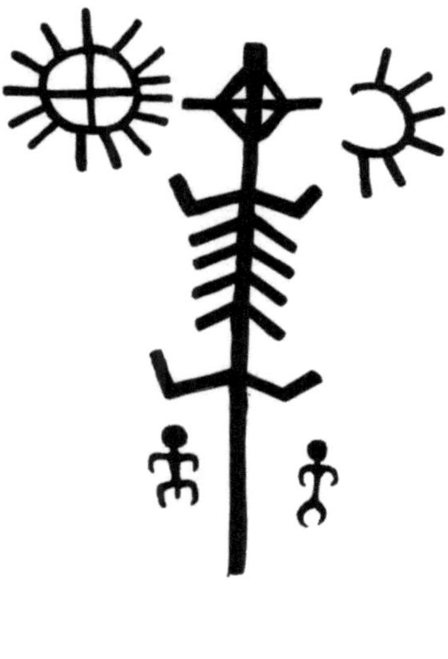

s. S. 90 (Hoppál S. 111)

Liste der zitierten Literatur

- Es wird hier lediglich die zitierte Literatur aufgeführt.

Wikipedia-Artikel (Internet-Lexikon)

Nachtrag, wo beim Zitat der Platz für die genauere Angabe fehlte:

107	Beringia	07.01.21, 09:13
131	Karthago	07.01.21, 09:46
158	Samische Mythologie (Weltbild) -	08.01.21, 00:18
	Mogon; Mainz	08.01.21, 00:17
159	Berbersprachen: Konjugation	08.01.21, 00:27
	Tamil	08.01.21, 00:38

Werke für den direkteren Vergleich

Yuval Noah **Harari**: Eine kurze Geschichte der Menschheit, (München 2013, Original Israel 2011) Pantheon Verlag 2015[6]

Hermann **Parzinger**: Die Kinder des Prometheus, Eine Geschichte der Menschheit vor der Erfindung der Schrift, C.H. Beck Verlag München, 2014

Umfassende(re) Werke

Die ZEIT Welt- und Kulturgeschichte, Zeitverlag Hamburg Band 1: Anfänge der Menschheit und Altes Ägypten, 2006

Badisches Landesmuseum Karlsruhe: Vor 12.000 Jahren in Anatolien: Die ältesten Monumente der Menschheit (Große Landesausstellung BW 2007), Stuttgart 2007

Sumer, Assur, Babylon, 7000 Jahre Kunst und Kultur an Euphrat und Tigris, (Katalog für Ausstellungen in Berlin, Hamburg, Aachen und München) Mainz 1978

Göran **Burenhult** (Hg.): Illustrierte Geschichte der Menschheit, (Hamburg) Augsburg 2000

Fischer Weltgeschichte, Frankfurt/M (1960er bis 1970er)

Propyläen Weltgeschichte, Eine Universalgeschichte, hg. von Golo **Mann** & Alfred **Hauß,** Band 1, Berlin, Frankfurt, Wien, 1961

Saeculum Weltgeschichte, hg. von Herbert Franke u.a., Freiburg, Basel, Wien 1965

RelMen= Die **Religion der Menschheit**, hg. Christel Matthias **Schröder**
- Band 19,1: Germanische und Baltische Religion, 1975:
    Åke V. Ström: Germanische Religion, RelMen 19/1

Harenberg Lexikon der Religionen – Die Religionen und Glaubensgemeinschaften der Welt, Redaktion Berthold **Budde** und Christine **Laue-Bothen**, Dortmund 2002

Arbeitsmaterial (u.a.)

Duden, Band 7: Herkunftswörterbuch der deutschen Sprache, 2. völlig neu bearb. und erweiterte Auflage von Günther Drosdowski, Mannheim, Wien, Zürich, 1989, 5. Auflage 2014

Wilhelm **Gesenius**: **Hebräisches** und Aramäisches Handwörterbuch über das Alte Testament, bearb. von Frants Buhl, unveränderter Neudruck der 1915 erschienenen 17. Auflage, Berlin, Göttingen, Heidelberg, 1962

Wolfgang **Hadamitzky**: Langenscheidts Handbuch und Lexikon der Japanischen Schrift, Kanji und Kann, Berlin, München, Wien, Zürich, New York, o.J.

Emmanuel **Anati**: Höhlenmalerei, (1997), Düsseldorf 2002

Jes Peter **Asmussen** & Jørgen **Læssøe** (Hg.): Handbuch der Religionsgeschichte, Göttingen 1971 - 1975

Bärbel **Auffermann** & Gerd-Christian **Weniger** (Hg.): Frauen - Zeiten - Spuren, Neanderthal-Museum, Mettmann 1998

Charles **Berlitz**: Mysteries from Forgotten Worlds, Rediscovering lost Civilisations, (1972), London 1974, 1976

Sylvia & Paul F. **Botheroyd**, Lexikon der keltischen Mythologie, München 1999

Harald **Braem**: Die magische Welt der Schamanen und Höhlenmaler, Köln 1994

Bill **Bryson**: Eine kurze Geschichte der alltäglichen Dinge, (Original London 2010) Goldmann Verlag München 2011

Annie **Caubet** & Patrick **Pouyssegur**: Der Alte Orient – Von 12.000 bis 300 v. Chr., (Paris 2001), Frechen o.J.

Henning **Christoph**, Klaus E. **Müller** & Ute **Ritz-Müller**: Soul of Africa - Magie eines Kontinents, Köln 1999

Jean **Clottes** & David **Lewis-Williams**, Schamanen – Trance und Magie in der Höhlenkunst der Steinzeit, Sigmaringen 1997

Elizabeth Gould **Davis**: Am Anfang war die Frau (The First Sex, 1971). Die neue Zivilisationsgeschichte aus weiblicher Sicht, (München 1977), Frankfurt/M, Berlin 1987

Jeff **Doring** (Hg.): Gwion Gwion. Dulwan Mamaa - Geheime und heilige Pfade der Ngarinyin, Aborigines in Australien, Köln 2000

Irenäus **Eibl-Eibesfeld**: Krieg und Frieden aus der Sicht der Verhaltensforschung, München, Zürich, überarbeitete Neuausgabe 1984, 1990[4]

Mircea **Eliade**: Geschichte der religiösen Ideen, Freiburg, Basel, Wien, Band I: (1978). 1990[6], Band II 1979

Norbert **Elias**: Über den Prozess der Zivilisation. Soziogenetische und psychogenetische Untersuchungen, (1936; 2. Aufl. Bern 1969), 3. Auflage Frankfurt/M 1976

Brian **Fagan**: Die Eiszeit – Leben und Überleben im letzten großen Klimawandel, Theiss Verlag Stuttgart, 2009

Leone **Fasani** (Hg.): Die illustrierte Weltgeschichte der Archäologie, München, 2. Auflage 1983

Richard **Fester**, Die Eiszeit war ganz anders, Das Geheimnis der versunkenen Brücke nach Amerika, R. Piper & Co., München 1973

Richard **Fester**, Marie E.P. **König**, Doris F. **Jonas**, A. David **Jonas**: Weib und Macht - Fünf Millionen Jahre Urgeschichte der Frau, Frankfurt (1979), TB 1980, 1986

Hans **Findeisen** / Heino **Gehrts**: Die Schamanen - Jagdhelfer und Ratgeber, Seelenfahrer, Künder und Heiler, München 1983, 4. Auflage 1996

Paul **Frischauer**: Kleine Kulturgeschichte. Der Mensch macht seine Welt, (München - Berlin 1976) Frankfurt/M 1978

Sigrid **Früh**, Märchen von Drachen, Frankfurt/M 1988

Marija **Gimbutas**: Die Sprache der Göttin, Frankfurt/M 1995

Marija **Gimbutas**: Die Zivilisation der Göttin, Frankfurt/M 1996

Miranda J. **Green**: Die Druiden, Augsburg 2000

Harald **Haarmann**: Universalgeschichte der Schrift, Frankfurt/M – New York, 2. Aufl. 1991, Sonderausgabe Köln 1998

Harald **Haarmann**: Weltgeschichte der Sprache – Von der Frühzeit des Menschen bis zur Gegenwart. Verlag C.H. Beck, München, 2006

Graham **Hancock**: Die Spur der Götter, Bergisch-Gladbach 1995

Mihály **Hoppál**, Schamanen und Schamanismus, Augsburg 1994

Sharukh **Husain**: Die Göttin – Das Matriarchat, Mythen und Archetypen, Schöpfung, Fruchtbarkeit und Überfluss, Köln 2001

David M. **Jones** & Brian L. **Molynaux**: Die Mythologie der Neuen Welt, Reichelsheim 2002

Wighart von **Koenigswald** & Joachim **Hahn**: Jagdtiere und Jäger der Eiszeit, Fossilien und Bildwerke, Stuttgart 1981

Helma **Marx**: Das Buch der Mythen (aller Zeiten aller Völker), Verlag Styria Graz, Wien, Köln & Eugen Diederichs Verlag München, 1999

John S. **Mbiti**: Afrikanische Religion und Weltanschauung, Berlin 1974

John **McCrone**: Als der Affe sprechen lernte. Die Entwicklung des menschlichen Bewusstseins, Frankfurt/M 1992

James **Mellaart**: Çatal Hüyük. Stadt aus der Steinzeit, Bergisch Gladbach, 1967

Michael Lukas **Moeller**: Der Krieg, die Lust, der Frieden, die Macht. rororo Reinbek 1992

Michael Lukas **Moeller**: Die Liebe ist das Kind der Freiheit, rororo Reinbek 1990 (16. Aufl. 2008)

Lewis **Mumford**: Mythos der Maschine. Kultur, Technik und Macht - Die umfassende Darstellung der Entdeckung und Entwicklung der Technik, Frankfurt/M 1977, 1986

Rudolf **Pörtner**: Bevor die Römer kamen, Städte und Stätten deutscher Urgeschichte, (1961) München, Zürich 1964, 1976

Josef H. **Reichholf**: Das Rätsel der Menschwerdung. Die Entstehung des Menschen im Wechselspiel mit der Natur. Stuttgart (München) 1990 (Lizensausgabe)

Josef H. **Reichholf**: Warum die Menschen sesshaft wurden, S. Fischer Verlag Frankfurt/M 2008, Fischer Taschenbuch Verlag, Frankfurt/M 2010, 3. Auflage 2012

Berthold **Riese** (Hg.), Schrift und Sprache (Verständliche Forschung), Heidelberg, Berlin, Oxford, 1994

Oliver **Sacks**, Der Mann, der seine Frau mit einem Hut verwechselte, Rowohlt Taschenbuch Verlag, Reinbek bei Hamburg 1990 (1994) (Or. New York 1985)

Anton **Scherer** (Hg.), Die Urheimat der Indogermanen, Darmstadt 1968

Eckard **Schleberger**: Die indische Götterwelt – Gestalt, Ausdruck und Sinnbild. Ein Handbuch der hinduistischen Ikonographie, Köln 1986

Wolfgang **Schmidbauer**, Wie Gruppen uns verändern – Selbsterfahrung, Therapie und Supervision, Kösel-Verlag München, 1982

Klaus **Schmidt**: Sie bauten die ersten Tempel – Das rätselhafte Heiligtum am Göbekli Tepe, C.H. Beck (München 2006), 3., aktualisierte Auflage 2007 = Paperback 2016

Wolf **Schneider**: Wir Neandertaler. Der abenteuerliche Aufstieg des Menschengeschlechts (Hamburg, Gütersloh o.J.)

Rachel **Storm:** Die Enzyklopädie der Östlichen Mythologie, Reichelsheim 2000

Erika & Manfred **Taube**: Schamanen und Rhapsoden – Die geistige Kultur der alten Mongolei, Leipzig 1983

Margaret **Trowell** & Hans **Nevermann,** Afrika und Ozeanien (Kunst im Bild), München o.J.

Gabriele **Uelsberg** & Stefan **Lötters**: Roots/Wurzeln der Menschheit, Mainz (Verlag Philipp von Zabern), 2006 (Katalog zur Ausstellung Roots/Wurzeln der Menschheit im Rheinischen Landesmuseum Bonn 2006)

Frank Robert **Vivelo**: Handbuch der Kulturanthropologie - Eine grundlegende Einführung, (Stuttgart 1981) München 1988

Literatur von Christoph W. Rosenthal

zu Humanevolution, Geschichte und Sprache

- Die Humanevolution war ganz anders – Eine überfällige Revision, Rediroma-Verlag Remscheid, 2018
(Version 1.1 März 2019)

- Die kopernikanische Wende unseres Weltgeschichts-Bildes, Rediroma-Verlag Remscheid, 2018 (Version 1.1 Januar 2021)

Veröffentlichungen ab Februar 2021

- Zur Evolution von Selbststeuerung, Liebe, Kommunikation & Kultur - Das neue Bild der Humanevolution, Februar 2021

- Cûl Tura: Die Entzifferung und Rekonstruktion der ursprünglichen Sprache des Menschen (Februar 2021)
  Band 1: Die ursprüngliche Sprache des Homo sapiens
  Band 2: Zur Etymologie unserer Wörter

- Mebuntu: Die erste historische Sprachform
  Februar oder März 2021

- Frau Holle und der Drache von Lascaux: Die eiszeitliche Symbolik und Kultur (im Licht der Entzifferung und Rekonstruktion der eiszeitlichen Sprache des Homo sapiens) Februar oder März 2021

- Kulturologie - Die Wissenschaft bzgl. der Software-Struktur des Menschen (etwa März 2021)

Weitere Veröffentlichungen in Vorbereitung.

Hg. Christoph W. Rosenthal

Christel Rücker: Der 4. Februar

In diesem **Roman** lässt Christel Rücker ihre Mutter am Ende ihres Lebens die zentralen Geschehnisse ihres Lebens erzählen. Verlor Mutter Hermine 1914 mit nicht einmal 6 Jahren ihren Vater im Krieg, so wiederholt sich dieses Schicksal 1943, wo sie nun als Mutter von sechs Kindern mitten im Krieg Witwe wird. Als solche erlebt sie die Bombardierung Wuppertals, Evakuierung und Einsatz als Magd, die Rückkehr in das Nichts einer zerbombten Stadt und einige Folgen, als die äußere Not endlich Dramatik verlor.

Authentisch ist der Roman auch insofern, als dass die Autorin Christel Rücker (Jg. 1932) als Tochter selbst Betroffene der erzählten Geschichte ist. In der Auseinandersetzung mit der schwierigen Geschichte ihrer Mutter entsteht bei ihr und den anderen Geschwistern ein mitfühlendes und Anteil nehmendes Verstehen für die Mutter. Es ist ein Weg der Aufarbeitung und Heilung, der letztlich zu einem versöhnlichen Ende führt, in dem Beiden ein dankbares Aneignen ihres Lebens gelingt.

Rediroma-Verlag 2018 **€ 8,95 (D)**